幼儿园及中小学校车
安全规范管理手册

曾永泉　张　飞　何曼珠　编著

人民交通出版社股份有限公司
China Communications Press Co.,Ltd.

内 容 提 要

本书根据《校车安全管理条例》《广东省实施〈校车安全管理条例〉办法》及相关道路运输法规、规范的要求，由东莞八爪鱼物联网技术有限公司和广东交通职业技术学院联合编写，详细阐述校车运营中的安全服务基本知识，以及校车安全应急处置与演练的方法。

本书适合校车安全管理人员、驾驶员、随车照管人员和学生使用，也可供校车营运单位管理者参考，还可作为校车安全管理教育培训的参考资料。

Youeryuan ji Zhongxiaoxue Xiaoche Anquan Guifan Guanli Shouce

书　名：幼儿园及中小学校车安全规范管理手册
著 作 者：曾永泉　张　飞　何曼珠
责任编辑：屈闻聪　刘　洋
责任校对：赵媛媛
责任印制：张　凯
出版发行：人民交通出版社股份有限公司
地　址：（100011）北京市朝阳区安定门外外馆斜街 3 号
网　址：http://www.ccpress.com.cn
销售电话：（010）59757973
总 经 销：人民交通出版社股份有限公司发行部
印　刷：中国电影出版社印刷厂
开　本：880×1230 1/32
印　张：4.125
字　数：80 千
版　次：2019 年 6 月　第 1 版
印　次：2019 年 6 月　第 1 次印刷
书　号：ISBN 978-7-114-15583-3
定　价：25.00 元
（有印刷、装订质量问题的图书由本公司负责调换）

图书在版编目（CIP）数据

幼儿园及中小学校车安全规范管理手册 / 曾永泉，张飞，何曼珠编著 . — 北京：人民交通出版社股份有限公司，2019.6
ISBN 978-7-114-15583-3

Ⅰ . ①幼… Ⅱ . ①曾… ②张… ③何… Ⅲ . ①幼儿园—校车—安全管理—手册②中小学—校车—安全管理—手册 Ⅳ . ① D922.16-62

中国版本图书馆 CIP 数据核字（2019）第 111782 号

前　　言

  校车安全关系千万家庭的幸福和祖国的未来，因此越来越受到社会各界的重视。为规范校车安全营运与服务管理，坚持以"安全第一，预防为主，智能监控，师生平安"为宗旨，遵循改善交通环境、节能减排、促进校车服务健康有序发展的原则，根据《校车安全管理条例》《广东省实施〈校车安全管理条例〉办法》及相关道路运输法律、规范的要求，东莞八爪鱼物联网技术有限公司和广东交通职业技术学院联合编写本手册。

  本书以《城市公共汽电车应急处置基本操作规范》（JT/T 999—2015）为基础依据，内容包括校车营运服务总体要求、校车安全营运要求、校车营运组织及人员要求、校车营运服务信息管理、校车安全运行服务规范、校车营运服务监督、校车内安全设施设备及使用、校车安全应急处置操作规程、事故应急救援常识、校车事故应急疏散演练方法等方面。本手册作为东莞八爪鱼物联网技术有限公司校车安全营运服务辅助产品的配套手册，适合校车安全管理人员、驾驶员、随车照管人员和学生使用，也可作为校车安全管理教育培训的参考资料。

目　　录

上册

校车安全服务基本知识

一 校车营运服务总体要求

❶ 校车营运准入条件

学校或校车服务提供者应具备以下条件：

（1）车辆符合校车安全国家标准，取得机动车检验合格证明，并已经在公安机关交通管理部门办理注册登记；

（2）有取得校车驾驶资格的驾驶员；

（3）有包括行驶线路、开行时间和停靠站点的合理可行的校车运行方案；

（4）有健全的安全管理制度；

（5）已经投保机动车承运人责任保险。

教育部门负责对上述条件中第（4）和（5）条进行审查，配合职能部门对上述条件中第（3）条进行审查；公安机关交通管理部门负责对上述条件中第（1）、（2）条进行审查，会同职能部门对上述条件中第（3）条进行审查；交通运输主管部门、城市道路交通管理机构负责牵头对上述条件中第（3）条进行审查。

❷ 准入资料要求

学校或者校车服务提供者申请取得校车使用许可，应当向市教育部门提交书面申请、《校车许可申请表》和证明其符合《东莞市校车安全管理办法》第 10 条规定条件的材料：

（1）机动车所有人身份证明；

（2）机动车登记证书和行驶证；

（3）校车通过机动车安全技术检验取得的合格证明；

（4）取得校车驾驶资格的驾驶人的驾驶证；

（5）包括行驶路线、开行时间和停靠站点在内的校车运行方案；

（6）校车安全管理制度；

（7）机动车承运人责任保险凭证。

根据《东莞市校车安全管理办法》，A类校车所有权属于学校，B类校车所有权属于村（社区）集体组织，C类校车所有权属于依法设立的道路旅客运输经营企业、城市公共交通企业等单位，D类校车所有权属于依据本办法设立的校车运营公司。

申请C类校车使用许可时还应当提供以下资料：

（1）校车所属企业的营业执照；

（2）校车所属企业的道路运输经营许可证；

（3）校车租赁合同；

（4）校车安全责任书。

申请D类校车使用许可时还应当提供以下材料：

（1）校车所属公司的营业执照；

（2）校车租赁合同；

（3）校车安全责任书；

（4）校车所属公司的运营情况资料。

❸ 校车使用许可审批流程

校车服务提供者应提交书面申请报告并填写《校车使用许可申请表》，同时提交如下材料：①机动车检验合格证明；②车辆注册登记证；③可驾驶校车驾驶员有关材料；④包括行驶路线、开行时间和停靠站点的合理可行的校车运行方案；

⑤安全管理制度；⑥已投保机动车承运人责任保险材料。所有材料一式 4 份。

校车使用许可审批流程如下：

（1）校车登记。承办单位：车管所。

（2）书面申请。承办单位：学校归属教育局。

（3）学校归属教育部门转报材料。

（4）取得途经路段和学校所在地公安交警部门许可或交通部门的意见。

（5）学校归属教育部门汇总意见。如不通过，则表明不符合规定，教育部门反馈校车服务者。如通过则进入下一环节。

（6）当地县级政府批复。批复分别送校车服务提供者、教育部门、公安交警部门和交通管理部门存档。

（7）校车服务者持当地县级政府批复到公安交警部门，填《校车标牌领取表》并领取校车使用许可标牌。

④ 校车服务的安全生产主体责任和义务

生产经营单位的安全生产主体责任是指：生产经营单位依照法律、法规和规章的规定，必须履行的安全生产法定职责和义务。生产经营单位的安全生产主体责任内容如图上 -1 所示。

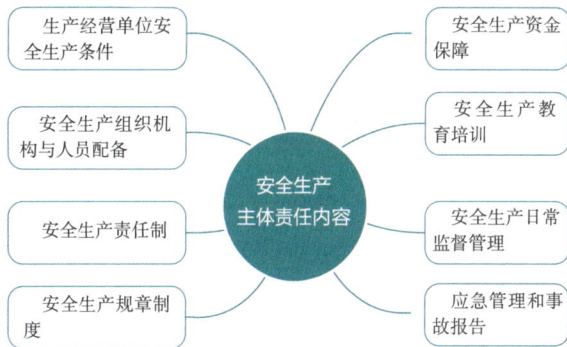

图上 -1　生产经营单位的安全生产主体责任内容

校车服务提供者是校车安全生产管理的责任主体，对校车安全营运承担主体责任。营运校车驾驶员、安全员必须承担校车安全营运服务的相关具体责任和义务。

❺ 校车的技术条件和营运要求

校车和车上的服务设施、设备应符合校车技术条件及相关道路营运车辆的要求。校车及车上的设施设备符合两项强制性国家标准，包括《专用校车安全技术条件》（GB 24407—2012）和《专用校车学生座椅系统及其车辆固定件的强度》（GB 24406—2012）（以下简称"专用校车安全国家标准"），并且校车应取得《车辆生产企业及产品公告》资质和机动车检验合格证，在公安机关交通管理部门办理过注册登记手续。

校车营运资质应由市或县级教育、公安交通管理、交通运输等部门批准通过。校车营运许可资质并不等同于道路旅客运输经营许可。

❻ 校车营运前的准备措施

（1）相关人员需要根据提交的方案先对校车营运的线路进行实地勘察，如图上 -2 所示。

图上 -2　相关人员应实地勘察校车营运线路

（2）校车停靠站点需有明显标识，如图上 -3 所示。

图上 -3　停靠站点的明显标识

（3）校车标牌的核发。相关负责人全面负责标牌登记，校车号牌、车辆所有人、驾驶人姓名、行驶路线、停靠站点、开行时间、营运有效期等信息的录入及发放工作，如图上 -4 所示。

图上 -4　校车标牌的核发

❼ 校车营运管理的基本要求

校车营运管理应满足日常管理，人员管理，车辆停靠、停放、维护，运营信息服务，实时监测监控的基本要求（图上 -5）。

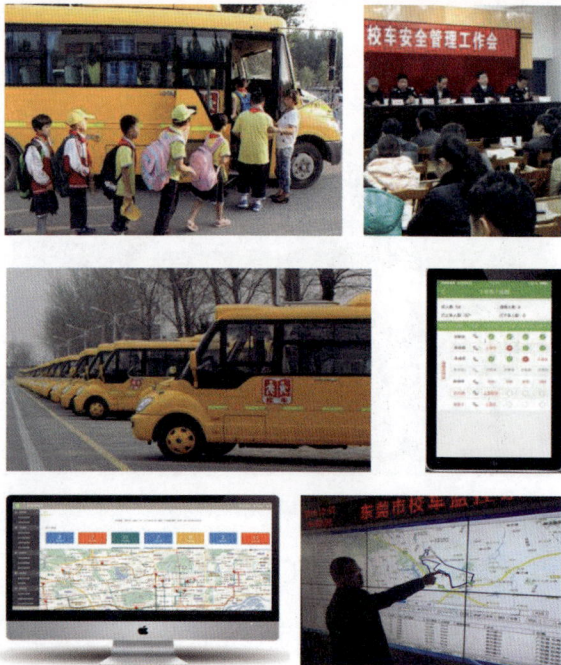

图上 -5　校车日常营运管理

❽ 校车服务的相关制度

校车服务管理制度包括：

（1）校车服务管理办法；

（2）校车行驶线路图；

（3）校车教师护送安排表及跟车管理情况；

（4）校车座位表；

（5）校车学生点名签到册；

（6）校车档案一（校车基本档案）；

（7）校车档案二（行驶证）；

（8）校车档案三（安全维护记录）；

（9）校车档案四（日常安全技术检测记录）；

（10）校车档案五（已投保保险单）；

（11）校车档案六（"日趟检"情况记录）；

（12）驾驶员档案一（个人基本档案）；

（13）驾驶员档案二（驾驶证）；

（14）驾驶员档案三（安全责任书）；

（15）驾驶员档案四（安全教育及继续教育培训记录）；

（16）驾驶员档案五（校车"日趟检"情况记录）。

校车运营中安全生产管理制度包括：

（1）安全生产责任制；

（2）岗位操作规范和行为规范；

（3）安全生产例会制度；

（4）安全生产教育和培训制度；

（5）安全生产检查制度；

（6）事故隐患排查治理制度；

（7）设备、设施的安全管理制度；

（8）车辆技术状况保障制度；

（9）管理人员作业现场带班制度；

（10）劳动防护用品配备和使用管理制度；

（11）安全生产承诺制度；

（12）安全生产奖惩制度；

（13）生产安全事故报告和调查处理制度；

（14）安全生产资金、管理和使用制度；

（15）职业卫生管理制度；

（16）危险源识别监控、管理制度；

（17）应急预案管理和演练制度；

（18）安全生产档案管理制度。

校车服务质量监督保障制度包括：

（1）安全生产举报制度；

（2）服务质量管理制度；

（3）质量投诉处理管理办法。

❾ 校车服务经营的相关管理

校车服务经营必须成立安全生产管理机构，并具有校车服务安全管理人员。

相关人员职能的具体设置可参考如下方式。

（1）校车营运企业主要负责人：对整个公司的安全生产工作负责。

（2）校车营运企业主要技术负责人：对校车营运专业技术方面的工作进行决策和指挥。

（3）校车营运企业安全管理负责人：对校车安全生产工作负直接领导责任。

（4）校车驾驶员和随车照管员：对校车营运安全直接负责。

（5）校车营运其他辅助人员：负责校车营运的其他设施设备和管理工作。

⓾ 校车服务经营责任书

校车服务经营必须签订安全生产责任书。

校车服务提供者、学校（包括幼儿园）和学生监护人必须签订服务合同，落实服务职责和安全责任，保证切实按照管理规定提供校车服务。

校车服务提供者、学校（包括幼儿园）和校车驾驶员、随车照管员要签订工作责任书，明确责任要求。

小贴士

校车营运企业主要负责人作为第一负责人，负责校车服务安全管理。

校车营运企业主要负责人和安全管理负责人，应具备与校车服务经营相适应的安全生产知识和管理能力，取得安全生产培训合格证。

校车服务经营单位的校车驾驶员及与校车业务相适应的其他从业人员和管理人员的数量必须符合相关规定。

⓫ 校车的相关保险和检验措施

校车服务提供者应为校车投保机动车交通事故责任强制保险、为学生投保承运人责任险。

校车的一般抽检项目为：

（1）校车驾驶员的驾驶证，校车的行驶证、交强险和商业险投保证明、校车标牌、校车出车记录、学生上下车交接记录、校车检查记录本等资料；

（2）检查校车安全状况：学生安全带、逃生门、逃生锤、干粉灭火器、急救箱等安全设备是否完好，以及 GPS 卫星定位装置的工作情况，如图上 -6 所示。

图上 -6 校车安全检查

二 校车安全营运要求

❶ 安全技术条件

根据《专用校车安全技术条件》（GB 24407—2012），满足要求的校车模拟图如图上-7所示。

根据《校车安全管理条例》等相关法规，在非高速公路行驶时，校车最高时速不得超过60千米，在高速公路行驶时，校车最高时速不得超过80千米。校车应该安装符合相关规定的限速装置和超速报警装置，限速装置出厂时设定校车最高时速不超80千米，并设置保护措施，不采取破坏性措施无法重新设定车速。超速报警装置应在校车时速超80千米时报警。

❷ 技术性能要求

1）定员

（1）幼儿校车的最大乘员数不超过45人；小学生校车和中小学生校车的最大乘员数应不超过56人。

（2）幼儿校车每个幼儿的体重按30千克计算，小学生校车每个学生的体重按48千克计算，中小学生校车的每个学生的体重按53千克计算，每个照管人员的体重按68千克计算，驾驶员的体重按75千克计算。

2）外观

（1）《专用校车安全技术条件》中将校车

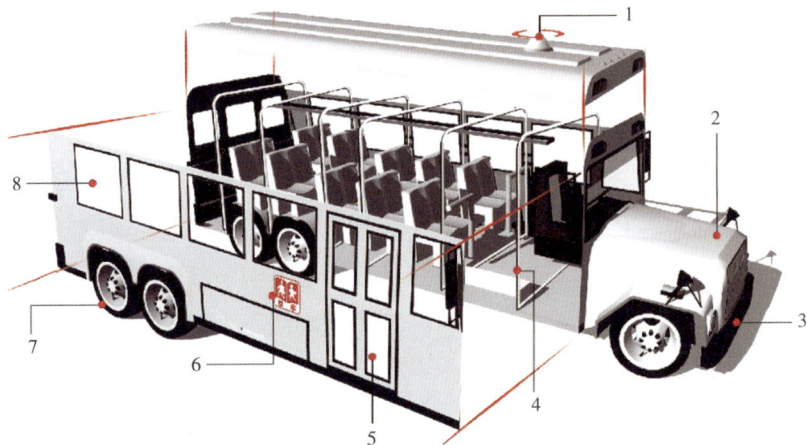

图上 -7　满足强制"国标"要求的校车模拟图

1- 校车应在车顶部安装一个监控摄像头；2- 校车应为两厢式结构，至少一半以上的发动机长度应位于前风窗玻璃最前点以前，铰接客车和双层客车不应作为校车；3- 前后保险杠应采用厚度不小于 5.5 毫米的钢板冲压而成；4- 车身应采用矩形钢材闭环结构，统一横截面上的顶梁、立柱和底架主梁应该形成封闭环，底架主板之间至少有两个底板横梁，车身地板的底板应为至少 1 毫米厚的整体钢板；5- 校车应有一个乘客门并位于右侧前轮后，车辆的左侧、右侧应至少各有一个出口，乘客区的前半部和后半部应至少各设一个出口，后围应至少有一个出口，否则应设置一个撤离舱口；6- 校车应喷涂符合《校车标识》（GB 24315—2009）要求的校车外观标识；7- 校车应安装无内胎子午线轮胎，并装备符合规定的轮胎气压监测系统，总重大于 4.5 吨的校车，后轮要用双轮胎，前轮可安装轮胎爆胎应急安全装置；8- 校车的车窗的固定形式应为下半部分固定，也可为全封闭车窗分为轻型校车和大中型校车，轻型校车车长大于5米且小于等于6米，大中型校车车长大于6米且小于等于12米。

（2）校车车高不得大于3.7米，不得设置车外行李架。铰接客车和双层客车不能作为专用校车使用。专用校车应安装前、后保险杠。

3）内饰

（1）车内外不得有容易卡住幼儿和小学生手指的孔洞，不应存在可能致人员受伤的凸起、凹陷、尖角等缺陷。校车乘客门处应安装高、低扶手，扶手上不应存在可能致伤的凸起、毛刺。

（2）乘客区侧窗至少下部1/2应封闭，所有车窗玻璃的可见光透射比应不小于50%，且不得张贴不透明或带任何镜面反光材料的有色纸或隔热纸。

（3）幼儿校车的乘客区应采用平地板结构，除轮罩、检修口盖等的局部结构凸起外，地板上不得有台阶。

（4）乘坐区、过道区和引道区的地板覆盖层应防滑、耐磨。

4）车外顶

（1）校车应在车外顶部前后各安装两个黄色校车标志灯，前标志灯与车顶前部最边缘的距离应不大于40厘米；后标志灯与车顶后部最边缘的距离应不大于40厘米。

（2）灯具应有一个圆形透明灯罩且绕其垂直轴线360°发光。校车标志灯安装后不应比车顶蒙皮上表面高出超过20厘米。

5）车后

（1）校车应在车后围板外表面、后方车辆接近时可以看到的区域，清晰标示"请停车等候"及"当停车指示牌伸出时"红色字样。

（2）"当停车指示牌伸出时"字样应在"请

停车等候"字样的下方；"请停车等候"字样高度至少应为 20 厘米。"当停车指示牌伸出时"字样高度至少为 13 厘米。

6）空气质量

（1）如果不能自然通风则应安装强制通风装置，车内空气的成分应符合规定。

（2）允许采用具有杀菌、消除有害气体功能的空气净化装置使车内空气达到空气质量的要求。

7）踏步

（1）在车辆整备质量状态下，从地面至校车乘客门的第一级踏步高度应不大于 35 厘米，其他各级踏步的高度应不大于 25 厘米。

（2）在车辆整备质量状态下，轻型专用校车的一级踏步深度应不小于 23 厘米，大中型专用校车应不小于 30 厘米。

8）座椅

（1）幼儿及学生座椅应前向布置。驾驶员座椅所处的横向垂直平面以前不得设置幼儿及学生座椅。幼儿及学生座椅在车辆横向上最多采用"2+3"布置。

（2）幼儿及学生座椅不应是折叠座椅，每个幼儿及学生座椅应带有靠背，靠背宽度不应小于坐垫宽度。幼儿及学生座椅应软化。

（3）若为幼儿及学生单人座椅的坐垫，宽度应不小于 38 厘米。若为幼儿及学生长条座椅，应符合以下标准：每人坐垫宽应不小于 33 厘米，坐垫深应不小于 30 厘米，坐垫高应大于 22 厘米，靠背厚度应不小于 4 厘米。

9）座间距

（1）专用校车安全国家标准要求，幼儿校车座椅的座间距应不小于 50 厘米。

（2）小学生校车座椅的座间距应不小于 55

厘米。

（3）中小学生校车座椅的座间距应不小于65厘米。

（4）照管人员的座椅的座间距应不小于65厘米。

10）应急出口

（1）应在车身左侧或车尾配置应急门。

（2）应急门应从车内外均可打开。

11）照明设施

（1）车内照明设施应覆盖全部乘客区、车组人员区。

（2）至少应有两条内部照明线路，当一条线路出故障时不应影响另一条线路的照明。

12）行驶记录仪、监控系统和语音提示系统

（1）专用校车安全国家标准要求，校车应安装具有卫星定位功能的行驶记录仪；行驶记录仪的显示部分应易于观察，数据接口应便于移动存储介质的插、拔。

（2）校车应安装车内和车外录像监控系统，应有倒车语音提示系统。

13）灭火器和急救箱

（1）校车乘员舱内应配备灭火器，应保证至少一个照管人员座椅附近和驾驶员座椅附近各有一只至少2千克重的干粉灭火器。

（2）校车内应预留至少一个急救箱的安装空间和安装支架。急救箱安装位置处应清晰地标示"急救箱"或急救箱的国际通用符号。

❸ 校车管理要求

建立校车管理制度体系，应符合道路运输车辆技术、安全、营运管理规定的要求。如下管理制度体系设置可供参考：

（1）校车安全管理机构设置及对应职责；

（2）校车选配及管理办法；

（3）校车运行及操作规程；

（4）校车维护和修理制度；

（5）校车改装、更新与过户管理制度；

（6）校车报废管理制度；

（7）校车技术档案管理制度；

（8）校车技术等级评定制度；

（9）安全检查、隐患排查、整改管理制度；

（10）校车安全应急预案制定及应急演练制度；

（11）校车营运技术培训制度；

（12）奖惩制度。

4 **校车检测要求**

建立健全的校车和设备设施的检查、检测制度，确保车辆技术性能良好。

（1）出车前、行车中、收车后，照管员和驾驶员要按照校车和设备设施的检查、检测、使用、维修制度和操作规程进行检查。

（2）要建立监控设施、设备、场地等的检测制度。

（3）定期接受年检和抽检。当校车出现故障时，可参照图上 -8 所示流程进行审批报修。

建立车辆档案管理制度和运营信息台账管理制度，可遵循以下原则：

（1）校车一车一档；

（2）驾驶员、随车照管员一人一档；

（3）车人联动（人车可以分离，但信息需要共享）；

（4）充分运用互联网和大数据分析运行特征。

流程	责任人	活动内容
车辆维修申请	驾驶员	驾驶员发现车辆需要维修时填写《车辆维修申请审批单》，并注明维修的原因
审核批准	总经理	《车辆维修申请表》填写完毕后，由总经理批准
车辆维修	驾驶员	驾驶员将车辆开到指定维修地点维修，维修方出具维修金额与项目明细单据
凭单据报销	财务人员	驾驶员将红联报予财务人员，并由财务人员审核有关票据和信息
存档	总经理助理	由办公室留存审批单并录入OA系统

图上-8 车辆维修审批流程图

校车档案应包含的内容包括但是不限于：

（1）校车登记表；

（2）校车驾驶员登记表；

（3）校车行驶路线图；

（4）停靠站点、学生姓名；

（5）随车照管员个人信息、聘书、责任书；

（6）校车安全管理责任书；

（7）校车学生家长接送安全责任书；

（8）校车安全管理制度；

（9）随车照管员、乘车学生、家长教育记录；

（10）校车突发事件应急预案、应急演练记录；

（11）校车安全检查记录；

（12）其他材料。

❺ 校车的设施配置要求

校车安全设施配置要求主要包括：外部标识等完好，各类安全设施完善，车内无可能对乘客造成伤害的安全隐患，随车工具、物品不得放置在车内等。

（1）标识、标志，灯光、信号设施应完好、有效（见图上-9）。

（2）车门、车窗应开闭灵活、安全可靠（见图上-10）。

（3）座椅、扶手、安全带无缺失缺损，安全可靠（见图上-11），车内无可能对乘客造成伤害的安全隐患，随车工具、物品不得放置车内。

（4）校车车身应遵守管理部门要求喷印经营者名称和服务监督电话或监督方式，文字应清晰、容易被辨认（见图上-12和图上-13）。

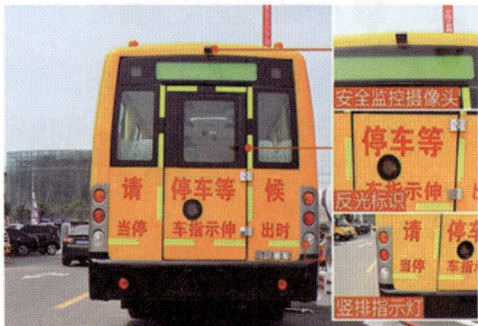

整车侧面安装有停车指示牌、反光标识和示廓灯，示廓灯是校车的一大亮点，提高校车行车安全性

小学生校车前车门旁安装有车门控制应急阀，紧急情况下可使用

图上-9　校车外部的安全设施

140mm

下部分车窗为全封闭式，防止学生打闹玩耍时将头、手伸出窗外导致意外

车门控制应急阀

车门采用设计新颖的侧滑门，安全平稳且占用空间小

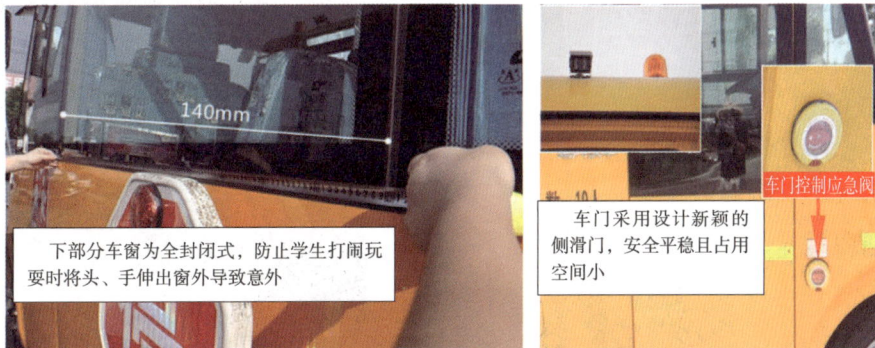

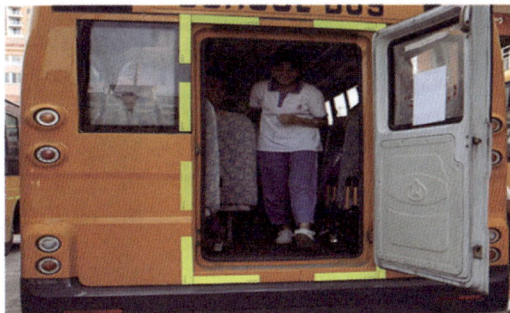

图上-10　校车的车门、车窗应安全可靠

图上 -11　校车车内座椅的安全要求

图上 -12　东莞市校车车身喷印的服务监督电话

图上-13 长沙市校车车身喷印的监管方式

（5）校车标识（见图上-14）应遵守管理　部门要求，及时放置，不得污损、遮盖。

a) 校车标志样式

d) 校车编号式样

b) 校车标牌正面式样

c) 校车标牌背面式样

e) 校车停靠预告标志式样

图上 -14 《校车标识》（GB 24315—2009）对校车的标识做出的规定

（6）校车应配备逃生锤、干粉灭火器、急救箱等安全设备。安全设备应当放置在便于取用的位置，并确保逃生锤和灭火器性能良好、急救箱内的急救物资有效适用。校车内外各类安全设施如图上 -15 所示。

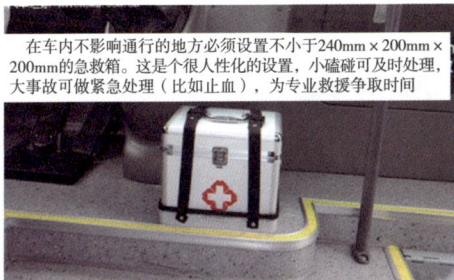
在车内不影响通行的地方必须设置不小于240mm×200mm×200mm的急救箱。这是个很人性化的设置，小磕碰可及时处理，大事故可做紧急处理（比如止血），为专业救援争取时间

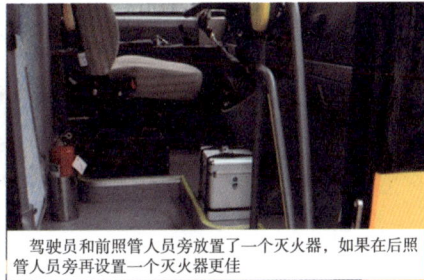
驾驶员和前照管人员旁放置了一个灭火器，如果在后照管人员旁再设置一个灭火器更佳

车门应急阀

倒车影像

校车驻车制动器

前照灯

停车指示牌

行车制动踏板

灭火器

校车安全锤

车内必备的灭火器与急救箱都如数放置在驾驶室座椅旁及安全扶手旁

图上 -15　校车内外的安全设施示例

（7）车辆行驶记录设备、动态监控设备、运行服务设备、学校监控设备、家长信息终端等相关设备应工作正常、信息准确（见图上-16）。

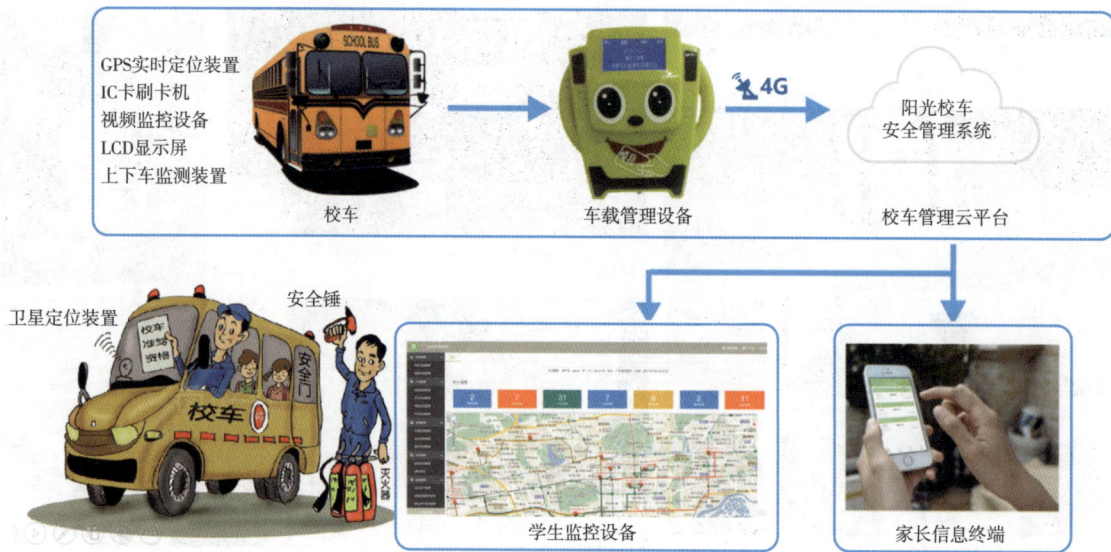

GPS实时定位装置
IC卡刷卡机
视频监控设备
LCD显示屏
上下车监测装置

校车

车载管理设备

4G

阳光校车
安全管理系统

校车管理云平台

卫星定位装置

安全锤

学生监控设备

家长信息终端

图上-16　相关设备之间的关系架构

❻ 校车卫生

建立校车卫生管理制度，保持良好的车容车貌，车内卫生、整洁（见图上-17）。

（1）校车应整洁、卫生，无积尘和污垢。

车上应配置适用的卫生清洁物品，以便及时清理污物。车内垃圾应及时处理。

（2）车身完好，外表无破损，无脱落零部件，无凹陷、翘起等损伤。车门、车窗的玻璃保持清洁、明亮。

图上-17　车内卫生的整理

（3）座椅、座套、扶手、车门、踏步等易污染处，应及时清理，保持卫生。

此外，应定期检查急救箱，保证急救用品足量、有效，并根据实际需要及时更新（见图上-18）。车辆应定期预防消毒或根据疫情实际情况进行灭菌消毒处理。

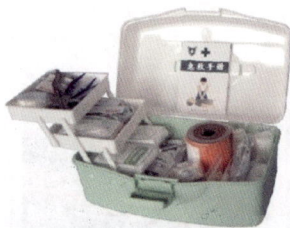

急救箱配置的急救用品参考

纯棉弹性绷带　10厘米×10厘米　1盒
网状弹力绷带　（1米）　1盒
不粘伤口无菌敷料　9厘米×10厘米　2盒
防水创可贴　8片　1袋
压缩脱脂棉　2包
三角巾　96厘米×96厘米×136厘米　1包
酒精棉片　10片
强力典伤口消毒棉签　10只×2包　2盒
医用不锈钢剪刀　1把
医用塑胶手套　1副
A5记事本　1本
多功能固定铅笔　1支
人工呼吸隔离面罩 Cpr　1个
速效救心丸　1盒

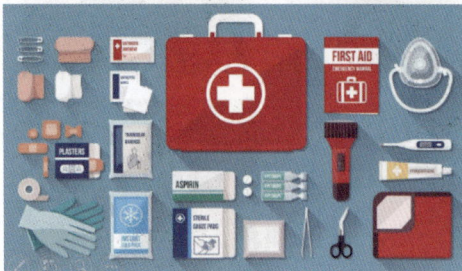

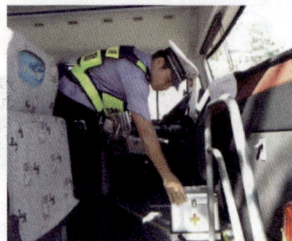

图上-18　车内药品的配备

❼ 校车维护

应按照《汽车维护、检测、诊断技术规范》

（GB/T 18344）的规定，对校车进行保养、维修（见图上 -19）。

（1）校车维护分为日常维护、一级维护、

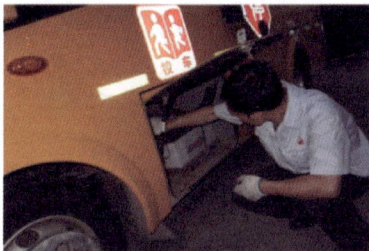

图上 -19　校车的日常维修

二级维护。

（2）校车检测诊断项目详见《汽车维护、检测、诊断技术规范》（GB/T 18344）。

校车日常维护由专职人员或具备维护技能的驾驶员在出车前、行车中、收车后执行。校车日常维护内容应符合《汽车维护、检测、诊断技术规范》（GB/T 18344）的规定。

（1）校车出车前的日常维护工作

①检查冷却水、燃油、机油是否足量，视需添加；

②检查转向、制动装置各连接部位是否牢固可靠；

③检查轮胎气压是否正常；

④检查和紧固轮胎、半轴、传动轴、钢板弹簧等部件的螺栓、螺母；

⑤检查灯光信号装置、喇叭、刮水器的工作状况；

⑥检查行车制动器、驻车制动器及离合器的工作情况。

（2）校车行车中的日常维护工作

①注意观察各仪表的工作情况，特别是气压表、机油压力表和水温表，以及注意听汽车各部位有无异响；

②注意观察安全部件是否正常，并留意轮毂、制动鼓、变速器、主传动器的温度和轮胎气压，及时剔除嵌入校车轮胎的石子及其他杂物。

（3）校车收车后的日常维护工作

①清洁车内外卫生，保持车容整洁；

②检查转向、传动部件，以及制动系统等装置各部件之间的连接紧固情况；

③检查并紧固外露部分螺栓螺母；

④检查轮胎气压，清除胎面石子等杂物；

⑤检查风扇皮带及空压机皮带的松紧度，必要时进行调整；

⑥检查有无漏水、漏气、漏油、漏电现象；

⑦检查蓄电池电解液液面高度，必要时调整油路、电路，做好全车必要的紧固和润滑工作，排除行驶中所发现的问题。

三 校车营运组织及人员要求和职责

❶ 营运组织基本要求

（1）校车服务提供者每半年应对核准的运营线路进行一次（或多次）乘车学生数量核查，确定运输服务任务。

（2）应根据运送要求、学生流量及规律、服务水平，按照核准的车辆数、车型，编制线路行车作业时刻表，满足学生的乘车服务要求。

（3）根据行车时间、运送能力和运营服务人员出勤情况编制车次运行计划，保障运输服务。

（4）遵守法规，合理配备随车照管员。幼儿专用校车上的幼儿数小于20人时，至少应配备照管人员1人；幼儿数大于等于20人小于40人时至少应配备照管人员2人；幼儿数大于等于40人时至少应配备照管人员3人。小学生专用校车、中小学生专用校车上的学生数小于40人时，至少应配备照管人员1人；学生数大于等于40人时至少应配备照管人员2人。

（5）按照核准的线路、站点、班次、时刻、运营时间区间组织校车运行，不擅自变更或者停止运行。

（6）严格实施安全生产责任制，编制校车服务突发事件应急预案。

❷ 人员基本要求

（1）遵纪守法，具有良好的职业道德。能

忠于职守，尽职尽责。

（2）身体条件符合岗位工作要求。身心健康，无岗位禁忌疾病，无不良嗜好。

（3）校车服务人员应接受校车服务提供者和学校（或幼儿园）组织的岗位继续教育培训，每半年至少1次，每次不少于8学时。

（4）校车服务人员隶属的工作单位应建立健全培训管理制度，对教育培训信息档案进行管理，并对人员进行考核。

（5）校车驾驶员（必须取得校车驾驶资格）和随车照管人员应接受上岗前培训，持岗位证上岗。

（6）上岗前接受岗位职责和岗位技能培训，不得少于24学时，培训考核合格，取得校车服务岗位证。校车服务提供者组织培训考核，颁发岗位证。

❸ 安全委员会领导小组的职责

（1）全面负责学校安全工作，校长是领导小组组长，其他成员按分工各自负责。领导小组下设安全保卫机构（保卫处），由分管安全工作的副校长分管。配备一定数量的专（兼）职保卫人员，建立高效规范的学校安全工作网络体系。

（2）学校安全工作领导小组下设指挥组、保卫组、现场处置组、现场救护组、通讯联络组、后勤保障组、事故调查组等应急小组。出现应急事件时，各组根据事件实际情况，启动工作。

（3）切实保障学校安全工作所需人、财、物并合理配置。

（4）制定学校各项安全管理制度、预警和

突发事件应急预案，完善事故防范措施，检查督导安全工作"一岗双责"制度的落实。协助有关部门对重大安全事故做出处理，并在适当范围内通报。

（5）定期召开领导小组专题会议，组织学习上级部门下发的安全工作指导文件，制订年度学校安全工作计划，拟订安全目标管理责任书。结合学校特点研究部署学校常规性安全工作。

（6）代表学校与家长签订安全协议书。由校车服务提供者提供校车服务的，学校应当与校车服务提供者签订校车安全管理责任书。

（7）组织开展师生安全宣传教育和培训，定期或不定期开展应急演练，提高师生对各类突发事件的应急处置能力和逃生自救技能。

（8）强化人防、物防、技防手段，抓好校舍设备维护、消防、治安、交通、食品、疾病预防、自然灾害防范等基础性安全工作。定期开展自查，及时排除安全隐患。重点做好校门秩序、教育教学、学生宿舍、食堂卫生、大型集体活动、集体外出等方面的安全工作。

（9）注重学校安全长效机制建设。在上级部门的指导下，与学校周边单位建立校园周边综合治理小组，或建立联席会议制度。加大校园周边综合整治力度，维护校园及周边安全。

（10）发生紧急情况立即启动应急预案，全面负责应对突发事件的指挥、协调等工作，及时组织抢险抢救。在有关部门的领导下及时、妥善、依法处理事故。对相关人员进行责任追究。

（11）严格履行事故报告制度，及时向上级有关部门报告情况，做到30分钟内通过电话口头报告，2小时内提交简要书面报告。密切配合医疗、防疫、公安、消防等部门对事故的处理，认真执行上级有关指示。

（12）可设对外新闻发言人负责接待各界媒体，遇到突发事件时能冷静面对媒体采访，形成正确的舆论导向。教育师生员工共同做好舆论稳定工作，未经同意不得随意接受采访、擅自发布信息。

（13）加强对教师侮辱、体罚学生，猥亵学生等现象的监管。

案例

2013年2月22日，一学期一次的校车驾驶员安全工作会议如期召开（见图上-20）。首先由广东交通职业技术学院主管行政鄢主任总结上一学期学校校车的运作情况，表

扬做得好的方面并提出存在的问题；向校车合作单位的负责人和校车驾驶员提出新学期学校校车管理的工作要求：

（1）严格遵守《校车安全管理条例》（国务院令第617号），严格把好校车的质量关；

（2）严格遵守《佛山市实验学校车辆管理制度》；

（3）加强人员培训，注意仪容仪表，提高驾驶员的法制意识和文明驾驶意识。

最后，黄明坤校长向合作单位的负责人和校车驾驶员传达了上级教育行政部门对校车管理提出的意见的精神，列举了一些因为管理的疏忽酿成安全事故的案例，并再次强调校车安全工作会议的重要性和必要性，希望双方都能高度重视，加强沟通与合作，防患于未然，杜绝校车安全事故的发生。

图上-20 校车安全会议的召开

展安全教育，督促落实各项安全管理制度。

（3）督促校车驾驶员每天出车前认真检查车辆状况，严禁车辆带病上路，制止超载行为，确保行车安全。配合公安和交管部门处理校车违法行为。

（4）认真排查校车安全隐患。建立校车安全隐患排查制度和台账，定期与校车驾驶员一同对校车安全隐患进行排查，发现安全隐患及时整改。

（5）负责校车营运服务信息建设与管理，以及校车动态监控数据分析与管理。

（6）完成校车安全委员会交办的其他安全工作。

❹ 校车专职管理人员的职责

（1）建立校车安全管理制度，落实校车安全管理职责，建立乘车学生档案。

（2）定期对校车驾驶员和随车照管人员开

❺ 随车照管人员的职责

（1）学生上下车时，在车下引导、指挥，

维护上下车秩序。

（2）发现驾驶人无校车驾驶资格，饮酒、醉酒后驾驶，或者身体严重不适以及校车超员等明显妨碍行车安全情形的，制止校车开行。

（3）清点乘车学生人数，帮助、指导学生安全落座并系好安全带，确认车门关闭后示意驾驶员启动校车。

（4）制止学生在校车行驶过程中离开座位等危险行为。

（5）核实下车学生的人数，确认乘车学生已经全部离车后随车照管人员方可离车。

❻ 校车驾驶员应符合的条件

（1）根据校车的级别取得相应准驾车型驾驶证并具有相应准驾车型 3 年以上驾驶经历，年龄在 25 周岁以上、不超过 60 周岁；

（2）最近连续 3 个记分周期内没有被记满分记录；

（3）无致人死亡或者重伤的交通事故责任记录；

（4）无饮酒后驾驶或者醉酒驾驶机动车记录，最近 1 年内无驾驶客运车辆超员、超速等严重交通违法行为记录；

（5）无犯罪记录；

（6）身心健康，无传染性疾病，无癫痫、精神病等可能危及行车安全的疾病病史，无酗酒、吸毒行为记录。

相关部门会定期对校车驾驶员进行审查（见图上 -21）。

图上 -21 对校车驾驶员资格的审查

根据《刑法修正案（九）》，有下列情形之一的，处拘役，并处罚金：

（一）追逐竞驶，情节恶劣的；

（二）醉酒驾驶机动车的；

（三）从事校车业务或者旅客运输，严重超过额定乘员载客，或者严重超过规定时速行驶的；

（四）违反危险化学品安全管理规定运输危险化学品，危及公共安全的。

机动车所有人、管理人对前款第三项、第四项行为负有直接责任的，依照前款的规定处罚。

有前两款行为，同时构成其他犯罪的，依照处罚较重的规定定罪处罚。

四 校车营运服务信息管理

① 基本要求

（1）校车服务提供者应建立服务信息管理系统，该系统应实现服务运营信息管理、车辆运行动态监管、车次运行计划与车次执行情况和承运学生信息实时动态管理等功能。

（2）校车服务管理部门建立监管系统，该系统应实现对校车服务线路、服务车次、运营车辆和人员、承运学生客流信息的查询，信息汇总统计及服务信息动态检查等功能，通过收集校车服务提供者和学校（或幼儿园）校车服务基础信息，实现科学管理。

（3）鼓励使用智能化信息管理系统，对校车服务实现精准化管理。学校（或幼儿园）应建立乘坐校车的学生的信息管理系统，实现学生乘坐校车的实时动态信息管理。

（4）信息管理系统应实现校车服务管理部门、校车服务提供者、学校（或幼儿园）和学生监护人之间的信息互联互通，相关人员可通过系统对运营情况、服务质量进行咨询、评价。

② 解决方案

东莞八爪鱼物联网技术有限公司（以下简称"八爪鱼公司"）提供的解决方案使家长更放心、学校（或幼儿园）管理更规范、校车公司的服务更安全，并为教育部门和交管部门提供大数据分析支持。该解决方案为各方提供的服务如下。

（1）家长可以实时掌握学生上、下学情况、发现学生的不良行为、获取接送提醒、掌握学生学习状况。

（2）学校或幼儿园可以进行人车分流管理、提升竞争力、让学生上下学的路程更安全。

（3）校车公司可以监控学生下错站的情况、到站提醒学生下车、杜绝学生滞留校车的情况发生、校车故障时进行实时调度。

（4）教育部门可以实时监控学生乘坐校车的安全状况、监管学校的校车安全数据、进行应急安全部署。

校车远程监控解决方案和系统架构如图上-22 所示。

校车智能监控系统是利用 GPS 定位、GIS 地图、车辆行驶状况检测技术、上下车红外检测和无线通信等技术，通过统一的信息平台，实现对校车位置和行驶状态的动态实时监测、学生上下车管理、站点管理、历史数据回放、校车安全事故自动报警等功能，从根本上提高对校车状况的实时掌握与面对突发事件的应变能力（见图上-23）。

该系统在各大客户端上的应用程序的界面如图上-24 所示。

八爪鱼公司的解决方案具有如下优势。

（1）规范校车驾驶安全行为：通过监测校车驾驶员的驾驶行为（如超速、超载、超时、紧急制动、急转弯、急加速等）并对其进行语音提醒，确保其安全驾驶，保障学生乘坐校车的安全；学生下车后，提醒驾驶员留 10 秒观察时间，确保学生安全离开。

图上-22 校车远程监控解决方案和系统架构

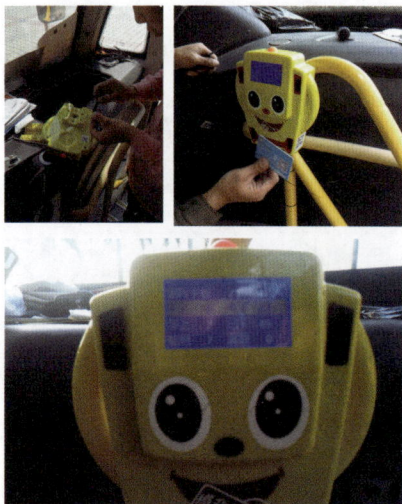

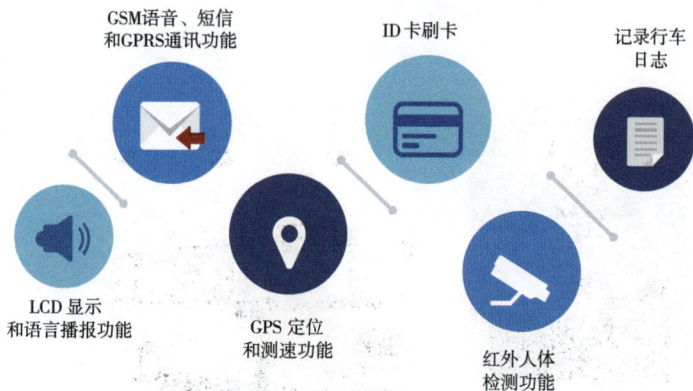

图上-23　智能监控系统的相关功能

PC应用端

APP应用端

学生签到　　　校车详情　　　消息提醒　　　地图应用

图上-24　该系统在各大客户端上的应用程序的界面

43

（2）减轻随车照管员的负担：站点自动点名，学生上、下车语音提醒，减少因随车照管员经验不足或有新生入学而导致的学生错接、漏接、错下车等现象。

（3）帮助家长准时准点接送：家长可根据自身情况设置接送提醒，避免长时间等待或错过校车。

（4）防止学生滞留车内：通过语音诱导和红外探测仪人数统计实现双重学生滞留监测功能，在校车车门关闭后，自动启动学生滞留监测警报系统，发现滞留在车内的学生后将触发警报，以短信息、电话的方式通知相关人员。

（5）校车安全事故监测报警：一旦监测到校车发生安全事故（如翻车、撞车、坠崖、落水等），系统将自动报警，将事故原因、地点、时间等及时通知相关负责人。

（6）协助厘清各方责任：将学生上下车情况、上下车异常情况、到站时间等信息准时推送给家长，同时以视频、行车轨迹等信息协助厘清各方责任。

五　校车安全运行服务规范

校车安全运行服务规范包括 5 个环节：行车前准备、组织学生上车、安全文明行车、停靠站点、安全收车。

❶ 行车前准备

校车驾驶员和随车服务人员应核查车次运行计划，熟知运行路线、各站点上下车人数、运行时间等信息。

利用八爪鱼公司开发的校车管理系统，直接在手机上查阅相关信息。系统手机客户端的界面如图上 -25 所示。

对车辆进行例行检查，确定车辆技术状况良好，运行安全（见图上 -26）。保持车辆运行性能良好和内外清洁。

检查并确保信息化服务设备、设施工作正常，满足日常管理、信息服务和实时监测监控的要求（见图上 -27）。

相关人员应明确岗位职责，佩戴岗位证。保持衣着整洁、仪表端庄，精力充沛地进入工作状态（见图上 -28）。

校车驾驶员确定无异常后记录检查结果，并上车系好安全带；随车照管员上车打开车窗，带好相关记录表格（见图上 -29）。校车驾驶员准时发车。

图上-25　手机客户端的界面

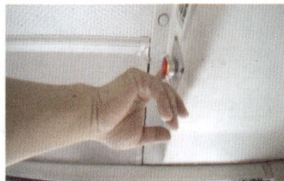

校车驾驶员出车安全检查记录表

单位：_____　车号：粤P_____　驾驶人：_____　检查人：_____

日期：___年___月___日（星期___）　天气：_____　检查时间：___时___分　车辆行驶总公里数：_____

检查项目	检查结果	检查项目	检查结果	检查项目	检查结果
环车检查（车身车轮）		喇叭		转向系统	
雨刮片（雨天检查）		车窗玻璃		灯光系统	
外部灯光		驻车制动（手刹）		车身状态	
轮胎和胎压		后视镜		火花塞	
发动机机油		座椅		前后悬架	
水箱液面		安全带		离合器踏板	
制动液		车门		传动皮带	
风窗清洗液		蓄电池		风扇	
助力转向液		制动系统		水泵	

填表说明：1．该记录表为一车一表，每日出车前检查一次，合格的打"√"，允许出车，不合格的打"×"，不许出车。
2．"检查内容"包括但不仅止于此。
3．出车前还要擦门窗玻璃，清洁汽车外表，检查燃油、机油、制动液是否如旧，检查散热器内的水量及风扇，水泵有无检漏标本，并关好放水开关，检查全车有无漏油、漏水、漏气和漏电现象，检查转向机构、灯光和制动等是否完好等。

图上-26　出行前的例行检查

校车信息化安全管理系统检查表

序号	维护类别	维护项目	检查方法	检查数据	检查结果	备注
1	监控整体环境	人员状况	查看是否到岗		□正常 □不正常	
2		设备状况	查看是否齐备		□正常 □不正常	
3		清洁状况	查看机房地板是否洁净		□正常 □不正常	
4	设备运行状况	告警信息	通过设备 LED 面板查看		□正常 □不正常	
5		电源状态	通过电源状态指示灯查看		□正常 □不正常	
6		通讯状态	观察状态		□正常 □不正常	
7		显示状态	通过状态指示灯查看		□正常 □不正常	
8	软件运行情况	运行状态	通过登录进行查看		□正常 □不正常	
9	车与软件配合运行状况	告警信息	通过软件面板查看		□正常 □不正常	
10		运行状态	通过软件面板查看		□正常 □不正常	
11	软件信息备份运行状况	输入状态	通过后台查看		□正常 □不正常	
12		运行状态	查看数据信息		□正常 □不正常	

图上 -27　对信息化服务设备的检查

——头发梳洗整齐，无头屑
——刘海不过齐眉
——长发需扎起
化妆清淡
——牙齿清洁、口腔清新
——工装整洁、整齐
纽扣齐全

——工卡佩戴在胸前

——指甲常剪及清洁
站立时右手压在左手上

——裤子长短适中

——穿黑鞋

图上-28　随车照管员、校车司机的仪容仪表示范

校车随车照管人员检查记录表

车号： 车牌： 随车照管人员： 年 月 日 —— 年 月 日

序号	检查内容	检查情况										备注
		星期一	星期二	星期三	星期四	星期五	星期一	星期二	星期三	星期四	星期五	
1	驾驶人有无校车驾驶资格；											
2	校车上路前，驾驶人是否对校车安全情况进行检查；											
3	是否发现驾驶人醉驾、药驾、毒驾和身体严重不适等现象；											
4	校车行驶时是否有超载、超速等违规行为；											
5	随车照管人员是否及时清点乘车学生人数；											
6	随车照管人员是否帮助、指导学生安全落座、系好安全带，并在确认车门关闭后示意驾驶人启动校车；											
7	随车照管人员是否制止学生在校车行驶过程中离开座位、身体部位探出车窗等危险行为；											
8	随车照管人员是否核实学生上下车人数，确认乘车学生已经全部离车后本人方可离车；											
9	随车照管人员是否正常履行交接手续。											

图上 -29　学生上车前的准备工作和校车随车照管人员检查记录表示例

发车时，八爪鱼公司的校车安全信息管理系统后台启动，给家长发送出车提醒信息，并对将要乘坐校车的学生的家长发出上车弹窗提醒，让家长能安排好时间将孩子送达上车地点（见图上 -30）。

图上 -30　八爪鱼公司的校车安全信息管理系统的手机提醒功能

❷ 组织学生上车

校车驾驶员停车时应打开停车指示标志，确保校车安全系统正常。

家长手机端收到校车即将到站的信息，将学生送到上车点。校车按预定停车点接学生，学生打卡上车（根据需求，端口可开放视频共享功能让家长实时看到学生在车上状况）。校车进站时，要打开停车指示标志。校车安全管理系统会实时检测行车过程中是否有急加速、紧急制动、急转弯、超速等情况，进行语音提醒并留下异常行车记录（见图上 -31）。

校车驾驶员在驾驶位耐心等待，随车照管员下车维持好秩序，帮助有困难的学生上车，确保每位学生上车信息完整（见图上 -32）。

图上 -31　校车到站后的相关提醒

图上 -32　随车照管员护送孩子有序上车

随车照管员应提醒学生不要携带危险品上车。日常生活中的打火机、香水等也是构成汽车火灾的危险品。如将这些物品放在车内，当太阳光线聚焦至其上时，会有引发火灾的危险。

❸ 安全文明行车

校车驾驶员应注意安全文明行车。

（1）驾驶员应遵守交通法规，规范操作，安全行车。

（2）驾驶员应熟悉校车性能，集中精神，文明驾驶，礼让行车。

（3）校车运行时，应按照管理部门规定使用校车标牌、校车标志灯和停车指示标志。

（4）行驶中正确判断道路交通状况，适时控制车速，做到起步稳、行车稳、停车稳，不超载，不超速，不抢行，保持安全车距。

（5）经过繁华或危险路段，以及能见度较差时，应减速慢行，注意行车安全。

（6）遇到交通拥堵、行驶困难、事故等情况不能继续行驶时，应立即开启应急灯，及时靠路侧慢行，在安全区域停车，组织学生到安全区域等待，并立即向管理人员和学校报告情况。

（7）遇到雨、雪、雾等特殊天气，减速运行，打开危险报警灯、雾灯，谨慎驾驶。

（8）应按计划线路行车。如遇特殊原因需要改道或越站，应立即向管理人员报告情况，妥善处理。

（9）夜间行车时，按规定开启照明灯光，适时合理使用灯光信号，确保行车安全。

校车专职管理人员要注意观察视频监控里校车内部情况，注意校车运行状态，发现问题及时提醒校车驾驶员不要做出不规范的驾驶行为，督促随车照管员管理好车内秩序（见图上-33）

学生全部上车后，随车照管员帮助或监督学生系好安全带，对学生进行安全教育（见图上-34）。

图上-33　远程监控保障

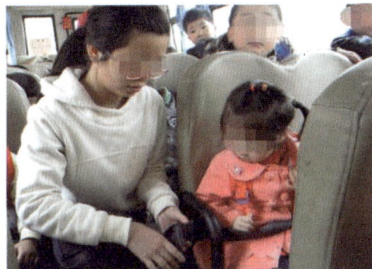

对学生做安全教育时要提醒学生注意的事情

（1）禁止做出在校车行驶过程中离开座位、打闹等危险行为。

（2）应系好安全带，不得将头、手伸出车外，以保证安全。

（3）禁止在车内饮食。

（4）学生应按站点下车。

图上-34　随行人员正在指导学生做好保护措施

④ 停靠站点

校车上、下学生前，应当在站点停靠（见图

上-35）。

在未设校车停靠站点的路段，校车应在公交站台停靠。

校车停靠站点一览图

图上-35　校车停靠站点图

校车停靠时的注意事项如图上-36所示。

校车有序进站，避让出站车辆。校车应按规定位置平稳停靠，车门位置避开障碍物，方便学生上下车。

车辆停稳后打开车门，随车照管员最先下车，确保学生上、下车安全，与站点管理人员或学生监护人沟通，组织学生上、下车，并清点学生人数。

完成检查后，驾驶员注意观察道路情况，平稳起步，安全出站。

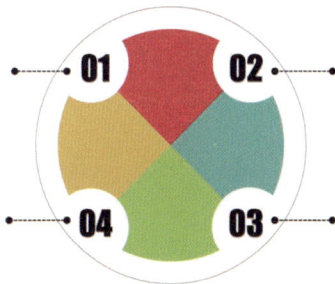

学生下车时，在车内组织学生有序下车。学生上车时，组织学生有序就座，询问学生下车站点，确保学生正确乘车；并检查清理座位，保证安全乘车。

确认学生上、下车完毕，随车照管员最后上车，检查学生就座情况；驾驶员关闭车门。

随车照管员检查清点乘车学生人数，督促学生安全就座，系好安全带，并记录签报承运信息。

图上-36　校车停靠时的注意事项

校车驾驶员及校内的专职管理人员应随时监控学生下车的信息变化情况，确定家长接收的信息准确无误。学生到站后家长的手机应用将接到提醒，如图上 -37 所示。

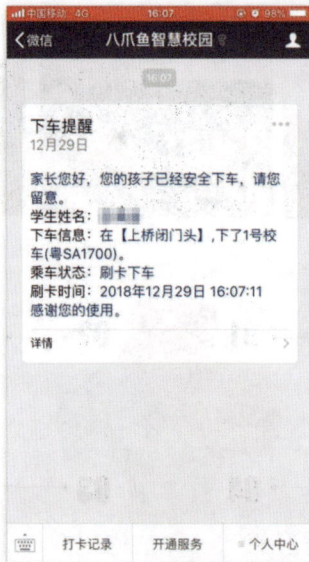

图上 -37　学生下车后家长的手机应用接到提醒的界面

⑤ 安全收车

完成当日承运任务后，校车驾驶员应将校车停放在规定的停车点或停车场，不得随意停放。随车照管员、驾驶员和专职安全员应做好收车检查和收车后的工作（见图上-38）。

（1）全部学生下车后，随车照管员、驾驶员检查所有座位，确认无学生滞留在车上、无物品被遗落。

（2）车辆停好后，打扫车辆卫生，清理车内环境（见图上-39）。

（3）停车时一定要开启停车指示标志，车辆启动前，照管员要先在车下观察周边是否有学生逗留，确认无误后再行驶离开。车辆到校后，照管员仍然需要点击"巡视按钮"后，系统会关闭滞留人员报警提示。校车系统自动上传所有行车人员信息，告知学生的离校情况。

（4）校车专职安全员完善承运信息，并将信息保存到服务器中。

图上-38　收车后的操作

图上 -39　收车后的清洁

（或幼儿园）应建立校车服务质量监督机制，设立服务监督电话、邮箱，接受全社会监督（见图上 -40）。对服务质量投诉应在不超过 5 个工作日内处理。

六　校车营运服务监督

① 社会监督

校车服务管理部门、校车服务提供者、学校

图上 -40　社会监督的方式示例

❷ 内部考评

校车服务提供者应定期对服务质量进行自

查，对出现的问题及时采取措施加以改进（见表上-1）。

校车服务供应企业内部考评办法示例 表上-1

类别	项目	考核方式	评分标准
车辆管理	校车要有逃生锤、干粉灭火器、急救箱等安全设备。安全设备应当放置在便于取用的位置，并确保性能良好，车内人员能有效使用	实地察看	设备齐全有效不减分，每缺一项减2分，功能缺失每项减0.5分
	车内配备具有行驶记录功能的卫星定位装置和视频摄像监控系统，并做好使用和维护	实地察看	设备齐全有效不减分，每缺少一种设备减2分，每项功能缺失减1分
	校车所有人必须足额缴纳机动车交通事故责任强制保险、第三者责任险、承运人责任险	查看保险单	每缺一项减3分
	校车每半年进行一次安全技术检验	查验检测档案	每缺一次减2分
	校车必须到依法取得相应资质的维修企业对校车进行维护保养，每半年一次，保证校车处于良好技术状态	查维修档案	每缺一次减2分
	校车应配备统一的校车标志灯和停车指示标志，随车携带校车标识	实地察看	每缺一项减1分
校车运营管理	校车只能在运营期间（接送学生上下学期间）启用，非学生上下学期间不得启用	随机抽查	违规一次扣2分

类别	项　目	考核方式	评分标准
校车运营管理	校车必须按照批准的线路、站点行驶和停靠	接受举报与抽查	每发现一次不按规定线路、站点行驶停靠扣5分
	严禁私自拆除或增加座椅	实地察看	有私自增加或拆除座椅现象的每例扣5分
	校车运行途中，除依法执行公务的交通警察外不得允许非乘车学生的人员上车	询问学生	每发现一人次扣1分
	校车运营过程中不得人、货混载，更不得搭载违禁物品	询问学生和抽查	每发现一次扣1分
	校车在道路上停车上下学生应当靠道路右侧停靠，开启危险报警闪光灯，打开停车指示标志	随机抽查	每发现一次违规情况扣1分
	校车运营期间如遇大风、降雪、雨天、雾天等恶劣天气或道路不适合车辆行驶的情况，校车所有人或驾驶人要及时与教育局、学校和公司沟通，根据实际上级指示改变校车行驶线路或停运	随机抽查	未及时沟通但没有造成严重后果的每次扣5分
	经常清扫校车卫生并进行定期消毒	实地察看	卫生整洁不扣分，卫生脏乱差酌情减1~3分
照管员管理	校车必须有随车照管员	随机抽查	每出现一例无照管员随车情况扣5分
	随车照管员必须佩戴证件上岗	随机抽查	每发现一次不佩戴证件扣1分
	随车照管员要清点上车学生人数，做好乘车学生交接记录	随机抽查	无记录扣2分，记录不全扣1分

类别	项目	考核方式	评分标准
照管员管理	学生放学时，照管员要安排学生按规定座位号就座，提醒学生系好安全带，制止学生在校车行驶过程中离开座位等危险行为，组织好学生乘车秩序	随机抽查	如有学生未对号入座、没系好安全带、行驶途中离开座位等情况的酌情减分
	严禁学生在非规定站点下车	询问学生	每发现一人次扣1分
	副驾驶位及发动机平台上不得乘坐学生	随机抽查	发现副驾驶及发动机平台上乘坐学生的每人次扣1分
	随车照管员认真核实学生下车人数，确认乘车学生已经全部离车后本人方可离车	询问学生	学生未全部离车照管员先离车的，每发现一次扣5分
	随车照管员要记录好行车日志	查验记录	无记录扣2分，记录不全扣1分
校车驾驶员管理	校车驾驶员上班期间要佩戴工作证件	随机抽查	每出现一次不佩戴证件扣1分
	校车驾驶员驾驶校车上道路行驶前应当对校车制动、转向、外部照明、轮胎、安全门、座椅、安全带等车况是否符合安全技术要求进行抽查，不得驾驶存在安全隐患的校车上路行驶	随机抽查	校车驾驶员不履行上述职责的，发现一次扣5分
	学生上下学时，校车驾驶员要按照学校确定的学生乘车时间准时到达各处站点	随机抽查	误时一次扣1分，经常误时、学校及家长反映强烈的，经查实每例扣5分
	校车驾驶员着装整洁，文明驾驶	随机抽查	着装不整洁或不文明驾驶，一次扣1分

续上表

类别	项　目	考核方式	评 分 标 准
校车驾驶员管理	校车驾驶员做到不疲劳驾车、不超速行驶	随机抽查	发现疲劳驾驶或超速行驶一次扣5分
	校车驾驶员不得在车辆载有学生时给车辆加油，不得在校车发动机引擎熄火前离开驾驶座位	询问学生随机抽查	发现校车驾驶员在载有学生时加油或在发动机引擎熄火前离开座位，一次扣10分
	严禁校车驾驶员在行驶中抽烟、接打手机，杜绝一切违章驾驶行为，确保行车安全	随机抽查	发现校车驾驶员在校车行驶中有抽烟或接打手机等一切违章驾驶行为，一次扣5分
	校车运行中出现故障或发生事故时，驾驶员要迅速报警并根据实际情况协助照管员把学生转移到安全地带，并做好有关安全防范工作，防止发生二次交通事故	据实抽查	不及时报警或不协助照管员转移学生的扣10分
其他	校车所有人、校车驾驶员、照管员要按时参加公司和有关部门组织的业务培训，不断提高自身素质和业务能力，更好地适应接送学生工作	查培训记录	每缺席一人次扣2分
	校车所有人要服从有关部门和学校（或幼儿园）的管理，有问题及时向服务学校（或幼儿园）、公司、校车管理办公室层层反映问题，不得越级上访	据实抽查	越级上访一次扣10分
	校车必须服从公司和有关部门的调度和指挥	据实检查	不服从统一调度每次扣5分

❸ 家长监督

校车服务管理部门、学校（或幼儿园）应建立家长满意度调查制度，定期组织调查，依据调查结果，制订整改措施，不断提高服务质量。相关单位应做到：

（1）定期召开校车家长会（见图上-41）；

（2）邀请家长参加校车体验活动；

（3）宣传非法校车的危害；

（4）听取家长建议，积极整改。

❹ 上级监督

校车运营企业、校车所有人应接受上级校车管理部门对校车服务质量的监督和检查，相关人员应积极参加相关培训，并及时整改发现的问题（见图上-42）。

图上-41　召开校车家长会

图上 -42　接受上级监督

下册

校车安全应急处置与演练

一 校车安全设施、设备

校车内的自救和逃生安全装置分布如图下 -1 所示。

校车其他安全装置及设施的分布和应满足的要求如图下 -2 所示。

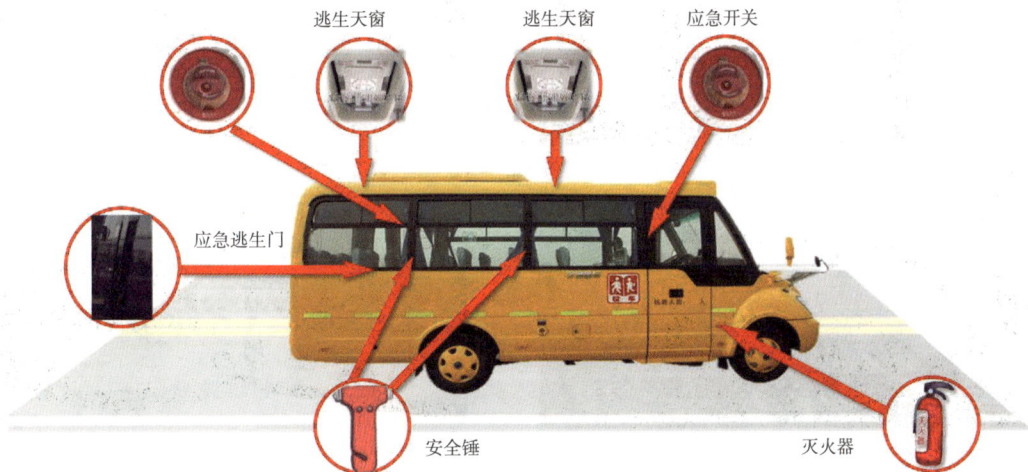

逃生天窗　　逃生天窗　　应急开关

应急逃生门

安全锤　　　　　灭火器

图下 -1　校车内的安全装置分布

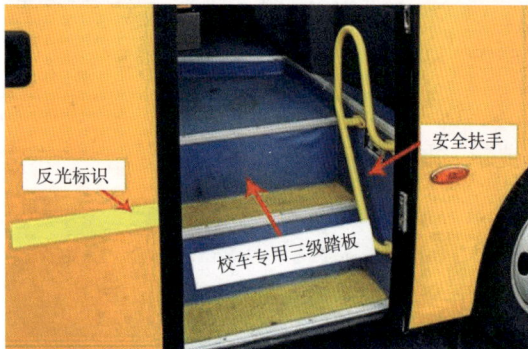

反光标识

安全扶手

校车专用三级踏板

整车内部还配备有2个灭火器和急救箱安全装置，分别位于驾驶室驾驶员座椅旁和折叠门后面

补盲镜

监控摄像头

行车记录仪

液晶显示屏

校车驾驶室简洁明了，方向盘右下侧配备有行车记录仪及监视器，方便驾驶员随时随地观察车内学生的状态及车周围的环境

倒车影像

校车警示灯

逃生安全门

车身后侧应具备警示安全、使用安全、乘坐安全、监控安全四个方面的设施、设备

图下-2　校车其他安全装置及设施的分布和应满足的要求

校车安全带、车门应急阀、安全门、侧窗、 所示。
顶风窗安全出口的使用方法如图下 -3~ 图下 -5

安全带的使用方法

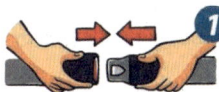

系紧：
将安全带锁舌插入带扣，听到"咔嗒"声后，再向外拉一下检查是否扣好。

1

解开：
按下红色的解锁钮，向外抽出锁舌。

2

车门应急阀使用方法   车门内外均设有应急阀，线路烧坏等原因致使车门无法正常打开时，可用应急阀打开车门逃走。

1 拉开应急阀防护罩。

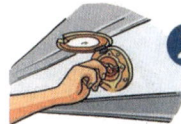

2 按照阀门指示方向旋转阀门。

3 顺势向外推动车门即可开启。

图下 -3 安全带与车门应急阀的使用方法

安全门开启方法

说明：安全门警示灯闪烁时，表示安全门保护罩打开，请驾驶员停车检查安全保护罩，此信号消失后方可继续行驶。

① 打开安全门上方红色手柄保护罩

② 顺时针旋转控制手柄

③ 向外推开即可打开安全门

车外开启
击碎外部安全门小玻璃，按箭头方向压动手柄，安全门自动打开

侧窗逃生方法

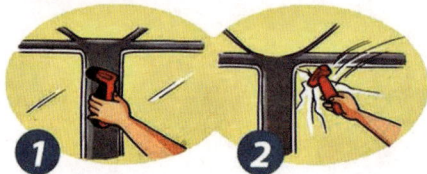

① 取下车窗旁边的应急锤

② 用尖锐的锤头用力击打车窗玻璃边缘，击碎玻璃逃生

灭火器使用方法 请在确保自身安全的情况下灭火

① 拔掉保险销

② 皮管对准火苗根部

③ 用手握压喷气开关喷射

图下 -4　安全门开启方法、侧窗逃生方法和灭火器的使用方法

74

顶风窗安全出口使用方法

① 打开把手罩

② 旋转把手至开启位置

③ 向上推出窗盖并翻转开启

图下 -5 顶风窗安全出口的使用方法

二 校车应急处置操作规程

（一）学校、校车公司基本操作规程

（1）应建立突发事件应急管理的组织体系和运行机制，并保障资金、人员、物资等投入到位。

（2）应定期组织各项突发事件应急演练，应急演练的组织与实施应符合《生产安全事故应急演练指南》(AQT 9007—2015) 的规定。

（3）应加强安全管理制度建设与实施，定期开展对驾乘人员的安全教育培训，使其增强安全防范意识、提高应急处置能力。

（4）接到驾驶员、照管人员对突发事件的报告后，安全负责人应及时启动相关的应急预案，立即赶赴现场，并做好途经运行线路的现场调度工作，同时及时向上级主管单位报告。

（5）应充分利用车辆监控等安全技术手段作为辅助，对事态进行正确的判断。

（6）应加强应急救援队伍建设，与社会救援力量联动、配合，开展应急救援工作。

（二）遇突发事件时校车驾驶员、照管员基本操作规程

❶ 校车发生有人员伤亡的交通事故

（1）事故发生后，应立即拨打"120""122"报警，同时向所属单位报告。

（2）保护现场，维护现场秩序，防止发生次生事故。

（3）保护并组织学生撤离至安全区域，清点学生人数，在距车辆50米处放置安全警告标志。

（4）遇特殊情况需要移动现场时，应做好标记，采取拍照、摄像等方法记录事故现场原貌。

（5）协助医护人员做好现场处理工作，并配合交警部门开展现场勘查及事故的善后处理工作。

❷ 学生突发重病或死亡

（1）应立即靠边停车，拨打"120""110"报警，同时向所属单位报告。

（2）保护现场，不得自行移动重病患者或死者。

（3）在距车辆50米处放置安全警告标志，帮助学生换乘其他运营车辆。

（4）协助公安机关、医护人员做好现场处理工作。

❸ 车辆自燃

（1）应立即靠边停车并熄火，打开车门及应急门，迅速组织学生撤离至安全区域，关闭电源、燃油或燃气总开关。

（2）当车门开关失效时，应使用安全锤等工具击碎车窗玻璃，打开逃生窗。紧急情况下，应积极组织社会公众等参与应急救援。

（3）拨打"110""119"报警，同时向所属单位报告。清点学生人数，当有人员受伤时，应立即拨打"120"报警。

（4）使用车载灭火器进行扑救，就近寻求抢险援助。

（5）在距车辆 50 米处放置安全警告标志。

（6）协助公安机关、医护人员做好现场处理工作。

④ 发现易燃、易爆物品

（1）任何人员严禁携带易燃、易爆物品乘车。

（2）车内发现易燃、易爆物品时，应立即靠边停车并熄火，迅速组织学生撤离，关闭电源、燃油或燃气总开关。

（3）禁止触动可疑爆炸物品，立即拨打"110"报警，清点学生人数，同时向单位报告。

（4）在距车辆 50 米处放置安全警告标志。

（5）取出车载灭火器，做好初起火情扑救准备。

（6）配合公安机关开展现场勘察工作。

⑤ 车载气瓶燃气泄漏

（1）应立即靠边停车熄火，打开车门，迅速组织学生撤离，关闭电源和燃气总开关。

（2）应关闭车载气瓶手动阀开关。

（3）应立即拨打"119"报警，清点学生人数，同时向所属单位报告。

（4）在距车辆 50 米处放置安全警告标志。

（5）取出车载灭火器，做好初起火情扑救准备。

（三）遇治安事件时校车驾驶员、随车照管员基本操作规程

① 校车运行路线上发生人为堵塞、封路等事件

（1）立即向所属单位报告现场情况，按照

预案进行临时性绕行。

（2）听从现场交管部门指挥。

（3）在必要的情况下组织学生换乘接应车辆。

❷ 校车遭劫持或恐怖威胁

（1）应保持冷静、坚守岗位，在确保学生安全及行车平稳的前提下与犯罪分子周旋。

（2）设法拨打"110"报警，向所属单位报告。

（3）尽量记清作案人员的体貌特征，协助公安机关调查。

❸ 校车发生人为纵火

（1）未起火时，应在确保学生安全和行车平稳的前提下设法稳住作案人员情绪，与其周旋，防止其纵火行为的发生。

（2）起火后，应立即靠边停车并熄火，打开车门及安全门，迅速组织学生撤离，关闭电源、燃油或燃气总开关。

（3）当车门开关失效时，应使用应急开关打开逃生窗，使用安全锤等工具击碎车窗玻璃，迅速组织学生撤离。紧急情况下，应积极组织动员社会公众等参与应急救援。

（4）应立即拨打"110""119""120"报警，清点学生人数，同时向所属单位报告。

（5）使用车载灭火器扑救初起火情，就近寻求抢险援助。

（6）在距车辆50米处放置安全警告标志，必要时留下两名以上目击证人或其联系方式。

（7）保护现场，配合公安机关侦破案件，协助医护人员抢救伤员。

❹ 校车发生爆炸

（1）应立即靠边停车熄火，打开车门，迅速组织学生撤离，关闭电源、燃油或燃气总开关。

（2）当车门开关失效时，应使用应急开关打开车门或逃生窗，使用安全锤等工具击碎车窗玻璃，迅速组织学生撤离，紧急情况下，应积极组织社会公众等参与应急救援。

（3）应立即拨打"110""119""120"报警，清点学生人数并向所属单位报告。

（4）协助公安、消防部门扑救火灾。

（5）在距车辆50米处放置安全警告标志，必要时留下两名以上目击证人或其联系方式。

（6）保护现场，配合公安机关侦破案件，协助医护人员抢救伤员。

（四）遇恶劣天气和自然灾害时校车驾驶员、照管员基本操作规程

❶ 大雨、暴雨天气

（1）当雨势过大造成视线模糊、行驶困难时，应立即靠路边停车，开启危险报警闪光灯，在距车辆50米处放置安全警告标志。

（2）尽可能将车辆停在地势较高，且远离树木、牌匾、高大建筑物、高压线、变压器等的安全区域，视情况组织学生避险，保障学生安全。

（3）应立即拨打"110"报警，清点学生人数并同时向所属单位报告，请求救援，防止发生次生事故。

（4）在遇积水、路况不明的情况下，不应强行涉水通过，应向所属单位报告险情，按照预案临时绕行其他线路。

❷ 大风、强风天气

（1）遇冰雪天气时，应提前准备防滑链、防滑沙等防滑物资，视雪情、路情使用。

（2）当道路不能达到安全通行条件时，应立即靠路边停车，开启危险报警闪光灯，在距车辆 50 米处放置安全警告标志。

（3）保障学生安全，视情况组织学生撤离至安全区域。

（4）应立即拨打"110"报警，清点学生人数同时向单位报告，请求救援，防止发生次生事故。

❸ 雾霾、沙尘天气

（1）能见度小于 200 米且大于或等于 50 米时，应开启雾灯和危险报警闪光灯，并将车速控制在 20 千米每小时以内。

（2）能见度小于 50 米且大于或等于 10 米时，应开启雾灯和危险报警闪光灯，并将车速控制在 5 千米每小时以内，以路边电线杆、路沿等明显物体为参照物，在规定车道内谨慎驾驶，确保行车安全。

（3）能见度小于 10 米时，应选择安全地点停车，开启雾灯和危险报警闪光灯，防止发生次生事故。停车后向单位报告，待能见度提高后再继续行车。

❹ 地震

（1）行车中发生地震，应先将车辆停在远离高大建筑物和危险场所的安全区域，安抚学生，让学生不要惊慌。

（2）将车门及安全门打开，组织学生撤离至安全区域。

（3）应立即拨打"110"报警，清点学生人数并向所属单位报告，请求救援，防止发生次生事故。

5 泥石流或塌方

（1）应带领学生迅速撤离到安全区域，并

向所属单位报告险情。

（2）在组织学生脱离危险的同时，应立即拨打"110"电话报警，清点学生人数并向所属单位报告，请求救援，防止发生次生事故。

三　校车事故应急救援常识（以火灾为例）

1　校车火灾的常见原因

（1）校车电路的老化导致电器或电器线路起火。校车在经过一段时间的使用后，电路外层绝缘橡胶都会老化，有可能造成外表绝缘层脱落，导致电路故障或者造成短路，此外自行改装线路、电器设备老化或者自改设备使电路超负荷也可能造成短路，最终引起自燃（见图下 -6）。

（2）燃油或润滑油泄漏。车辆油路出现故障，会导致油路泄露。如果发动机舱内油泥长期不清理，在行驶中会阻止散热，导致温度过高，或者电瓶接线柱处积累的杂质、油污使接触点发热引

电路及电瓶部分需要经常检查，特别是对电路进行过改装的车主更应该注意

图下 -6　车内线路老化所引起的火灾

发燃烧，引擎重负荷长时间工作时，超高温的排气管就能使泄漏的油污燃烧，顷刻之间便会大火熊熊。由于油路多数使用橡胶材质，橡胶老化会发生龟裂造成汽油泄露，因此需要由专业人员定期进行检测（见图下-7）。

图下-7　专业人员正在检测车辆

（3）撞击引起火灾。当校车撞击时，其能量通过金属变形的方式得到释放，有时则会直接

触及供油系统造成爆炸起火，有时则会损坏电气线路及各种设备造成短路并产生火花，引起燃油着火（见图下-8）。

图下-8　车辆撞击所引起的火灾

（4）机械摩擦起火。校车发动机的润滑系统缺少润滑油，机件的表面相互接触并产生相对运动，摩擦产生高温，如接触到可燃物可导致火灾（见图下-9）。例如校车制动系统故障致使制动装置不能复位进而造成"刹车抱死"现象，轮

毂与制动装置（如制动片）剧烈摩擦产生高温，引燃轮胎、大箱板等可燃物起火；校车发动机及其他机械润滑系统缺油，机件间摩擦产生高温，引燃油污、燃料油、配线等可燃物起火。校车轮胎气压不足也可能造成摩擦起火。

图下-9　机械摩擦引起的车辆火灾

（5）其他原因。

吸烟可引起火灾。吸烟者常在烟头或火柴未熄灭的情况下乱抛、乱扔，若烟头接触易燃的座椅坐垫，或烟头直接掉落在可燃物或可燃装饰材料上，常会引发火灾事故。尤其当校车行驶中司乘人员将烟蒂从窗口往外扔时，风可能会将烟蒂吹到车内的后排，待车辆停放后，火灾悄然发生。

人为放火可造成火灾。行为人为了发泄私愤采用纵火方法进行报复，或车主为了骗取保险金指使他人或亲手烧毁车辆（见图下-10）。

图下-10　其他原因所致的火灾

❷ 校车火灾应急救援基本原则与要求

近年来，校车火灾事故时有发生。

2018 年 12 月 5 日早晨 6:30，辽宁省朝阳市朝阳县一辆校车正在送学生上学，在行驶中发现车内有烟。驾驶员立刻组织学生撤离，待学生们全部下车后，车内出现明火。在消防车赶来以前，车已烧至报废，所幸无人员受伤（见图下 -11）。

2017 年 5 月 9 日，山东省威海市发生一起重大交通事故，造成事故幼儿园校车起火。事故导致 1 名幼儿园老师、1 名驾驶员和 11 名儿童（其中 5 名为韩国籍，6 名为中国籍）共计 13 人遇难（见图下 -12）。

同一天，在美国也发生了一场校车火灾事故。2017 年 5 月 9 日上午 7 时，美国南卡罗来纳州

图下 -11　辽宁省朝阳市校车事故现场照片

86

也有一辆校车着火，坐在后排的两名学生发现校车外面有烟雾，校车驾驶员立即停车，帮助学生在消防员到达之前安全撤离。车上的 56 名学生都安然无恙，随后乘坐另一辆巴士前往各自的学校（见图下 -13）。

图下 -12　山东省威海市校车交通事故现场照片

图下 -13　美国南卡罗来纳州校车火灾事故现场照片

2016年9月27日，广东省广州市南沙港快速路仑头收费站前300米处，一辆满载师生的校车突然起火。广东省公安边防总队3名官兵恰巧路过，及时发现险情，在火势失控前，仅用65秒就将校车上所有人员安全转移（见图下-14）。

早在2012年，国务院就通过了《校车安全管理条例》（国务院令 第617号），保障校车安全。

已经发生的多起校车自燃火灾事故给人们敲响了安全警钟，暴露出了部分校车驾驶员安全意识不强、部分校车技术状况堪忧的严重安全隐患，应当引起校车运营者、学校和相关管理部门的高度重视。为避免悲剧的重演，校车运营机构应严格按照以下5点工作要求执行：

（1）自觉遵守《道路交通安全法》第21条的规定："驾驶人驾驶机动车上道路行驶前，应

图下-14　广东省广州市南沙港校车火灾事故现场照片和监控画面

当对机动车的安全技术性能进行认真检查；不得驾驶安全设施不全或者机件不符合技术标准等具有安全隐患的机动车。"

（2）驾驶员在每天检查车辆时，要对车辆发动机进行清洁，发现漏油、电线绝缘层老化、磨损严重或破损等严重安全隐患时，要及时维修、更换有安全隐患的部件。

（3）在校车行驶途中，如闻到异味或发现烟雾时，应立即停车并组织车上人员撤离，确认无危险后检查故障情况，必要时联系维修人员及时维修。

（4）建议校车要配备重量为4千克或以上的灭火器，并经常检查灭火器的有效性；大型校车要配备2个以上灭火器，并放置在便于驾驶员、随车照管员拿到的位置，千万不能锁在工具箱内或放在行李舱中。

（5）驾驶员、随车照管员要学习灭火器、安全锤、应急门的正确使用方法，并在学生上车后对他们进行应急逃生常识的安全教育。

从事校车运营工作的相关人员应当掌握校车火灾事故应急救援常识，熟悉火灾应急处置程序。当发生校车火灾事故时，相关人员应该遵循以下校车火灾事故应急救援原则，以便将事故损失降到最低：

（1）立即组织自救；

（2）迅速控制事态；

（3）及时请求外援。

❸ 校车火灾应急逃生指南

掌握校车火灾应急知识，是校车安全保障的重要环节。本手册详细阐明了应急逃生的重要事项，校车运营者应组织校车驾驶员、随车照管员和乘车学生认真学习，并遵照执行。

冷静、有序、快速是火灾逃生的三大要素。遇紧急情况时，学生应保持冷静，不要慌乱，听从驾驶员、照管员指挥，有序、快速地撤离至安全区域。

在紧急情况下，绝不能盲目逃生，还必须要保持清醒的头脑，遵守秩序有序撤离，否则必然会导致场面的混乱，不仅妨碍他人逃生，也不利于自己逃生。

1）校车驾驶员和照管员应注意的事项

校车驾驶员应对突发事件、疏散学生的基本方法如下。

（1）驾驶员在处理事故时应遵循以下6个步骤：停车、开门、断电、疏散、报警、在校车后50~100米处放置停车标示牌。

（2）照管员告知全体学生解开安全带，并及时打开所有车门。对于有多个乘客门的校车，校车前部照管员或驾驶员组织前排学生从前部乘客门迅速撤离，校车尾部照管员协助后排学生从后部应急门撤离（见图下-15）。

2）逃生后的人员安置方法

逃生后人员安置位置指示图如图下-16所示。随车照管员和驾驶员带领学生前往校车右后方50米处集合，拨打电话报警，向所属单位报告，清点学生数量，并维持纪律。

3）确保学生顺利逃生的注意事项

（1）学生进入校车后，要在随车照管员的引导下对校车内部设施和结构布局进行观察，了解逃生安全出口、应急门、应急开关、安全锤等应急自救设施、设备的位置。

（2）逃生时勿深呼吸，要用湿衣或毛巾捂住口鼻，尽量减少吸入的有害烟雾。

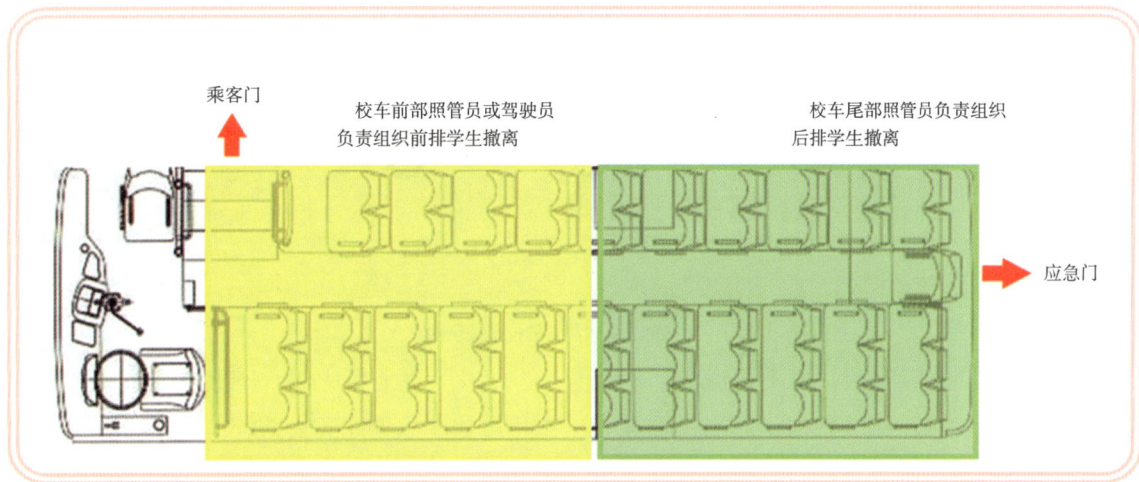

乘客门

校车前部照管员或驾驶员
负责组织前排学生撤离

校车尾部照管员负责组织
后排学生撤离

应急门

图下-15 车内人员疏散方法示意图

图下 -16　逃生后人员安置位置指示图

（3）逃生时要保持镇定，切不可慌乱，不要盲目逃生、相互拥挤、乱冲乱撞，应当在驾驶员、照管员的指引下，沉着冷静、紧张有序地进行撤离。照管员要注意引导学生向车后方明亮处、迎着新鲜空气的方向撤离，确保学生不惊慌、不抢道，到统一地点集合。

（4）身上着火时，不要奔跑，应就地打滚或用厚重的衣物压灭火苗。

4）正确系安全带和解开安全带的方法

安全带的正确使用方法如图下 -17 所示：系安全带时，应将安全带锁舌插入带扣，听到"咔哒"声后，再向外拉一下，检查是否扣好；

解开安全带时应按下红色的解锁按钮，向外抽出锁舌。

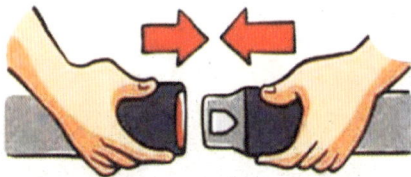

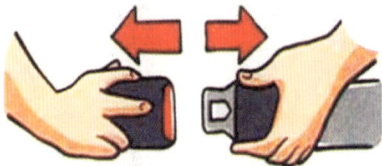

图下 -17　安全带的正确使用方法

5）校车的逃生出口

校车的应急逃生出口包括乘客门、应急门、侧窗和顶风窗（见图下 -18）。

应急门是最主要的逃生出口之一，位于后部的应急门便于学生从车后部逃生；必要时车内人员可以利用安全锤击破侧窗玻璃，从侧窗逃生；顶风窗安全出口便于在车辆侧翻或落水时车内人员从车顶部逃生。

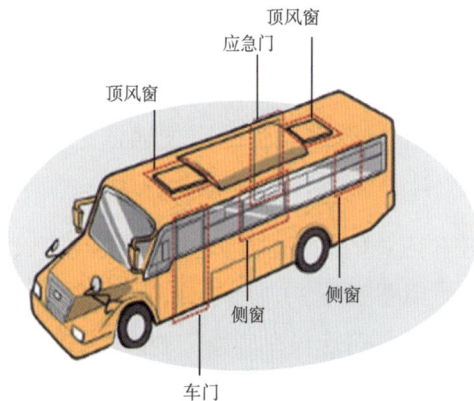

图下 -18　校车的逃生出口示意图

应急门警示灯闪烁时，标示应急门保护罩打开，驾驶员应停车检查应急门保护罩，此信号消失后方可继续行驶。

（1）校车应急门逃生方法。

校车应急门一般在校车车身的后部，在紧急情况下是疏散学生的重要通道之一（见图下-19）。

校车应急门既可以从内部开启，也可以从外部开启（见图下-20）。

①从内部开启校车应急门的方法：打开应急门上方红色手柄保护罩；顺时针旋转控制手柄；向外推开即可打开应急门。

图下-19　校车应急门

 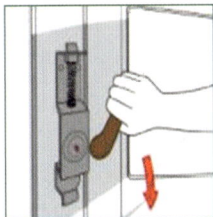 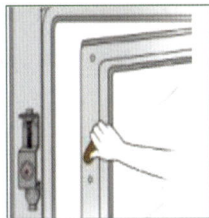

a) 从内部开启

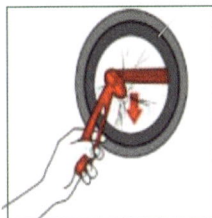

b) 从外部开启

图下 -20　应急门的两种开启方式

　　②从外部开启校车应急门的方法：击碎外部应急门小玻璃，按箭头方向压动手柄，应急门自动打开。

　　（2）侧窗逃生方法。

击碎侧窗的逃生方法如下（见图下 -21）：

　　①取下车窗旁边的安全锤；

　　②用尖锐的锤头用力击打车窗玻璃四角，击碎玻璃逃生。

（3）天窗逃生方法。

一些校车所配备的天窗是具有安全出口功能的。旋转天窗上的红色扳手可以将天窗打开，当车辆侧翻和落水时应打开天窗，在危急关头，可以多提供一条逃生路径（见图下-22）。

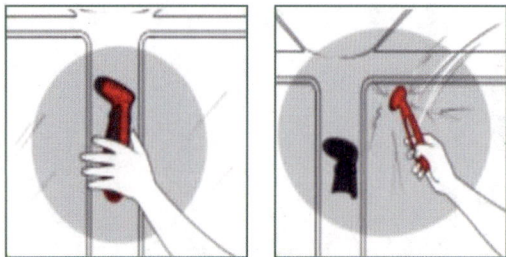

图下-22　开启校车天窗

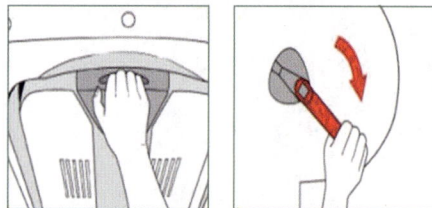

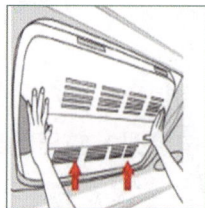

图下-21　侧窗逃生安全锤的使用方法

天窗安全出口使用方法如下（见图下-23）：

①打开把手罩；

②旋转把手至开启位置；

③向上推出窗盖，翻转打开。

图下-23　天窗安全出口的开启方法

（4）车外营救方法。

现在大部分校车都安装了车外开门安全阀，车外人员可以旋转该安全阀，将校车管路中的气放掉，开启车门让车内被困人员逃生。如果校车出现车门打不开的情况，车内人员要迅速向车外人发出求救信号（见图下-24），要求他们协助车内被困人员逃生。

图下-24　车内人员演练发出求救信号

（5）灭火器使用方法。

如果车内出现小型火灾，在不危及生命并且学生已经全部安全撤离的前提下，驾驶员及随车照管员可用车内的灭火器进行灭火。车内灭火器大多数放置在驾驶员驾驶座椅旁及车后门处清晰易见的地方。使用手提式干粉灭火器的操作方法如下（见图下-25）：

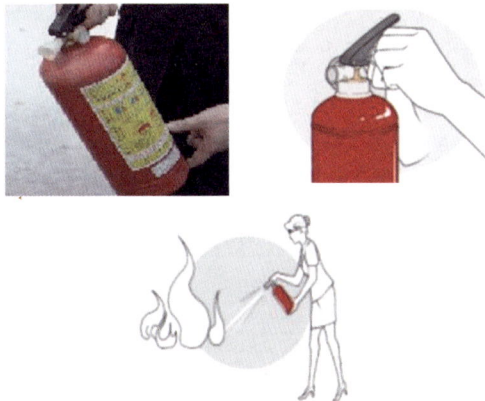

图下-25　使用干粉灭火器的操作方法

①应手提灭火器的提把，迅速赶到着火处；

②在距离起火点5米左右处，放下灭火器；

③使用前，先把灭火器上下颠倒几次，使筒内干粉松动；

④先拔下保险销，一只手握住喷嘴对准火焰根部，另一只手用力压下压把，干粉便会从喷嘴喷射出来。

使用干粉灭火器灭火的注意事项如下（见图下-26）。

①用干粉灭火器扑救容器内可燃液体火灾时，应从火焰侧面对准火焰根部，左右扫射。当火焰被赶出容器时，应迅速向前，将余火全部扑灭。灭火时应注意不要把喷嘴直接对准液面喷射，以防干粉气流的冲击力使油液飞溅，引起火势扩大。

②用干粉灭火器扑救固体物质火灾时，应使

灭火器喷嘴对准燃烧最猛烈处，左右扫射，并应尽量使干粉灭火剂均匀地喷洒在燃烧物的表面，直至把火全部扑灭。

图下-26 使用干粉灭火器灭火的正确方法

③使用干粉灭火器应注意灭火过程中应始终保持灭火器呈直立状态，不得横卧或颠倒使用，否则不能喷粉；同时干粉灭火器灭火后注意防止复燃，因为干粉灭火器喷出的干粉几乎没有冷却

作用，在着火点存在着炽热物的情况下，灭火后易发生复燃。

④在有风的条件下灭火时，应站在上风口操作。

6）校车火灾事故应急处理流程

（1）驾乘人员在行车中察觉到车辆发现火灾后，要保持高度镇定，告知学生不要慌张，稳定学生情绪。

（2）车辆必须立即靠道路右侧紧急停车。

（3）立即打开车门及应急门疏散学生。在车门无法正常打开的情况下，驾乘人员应使用应急开关打开逃生天窗，并引导学生撤离。

（4）在应急逃生开关失灵的情况下，使用安全锤敲碎玻璃逃生（要将安全锤对准玻璃四角敲击），也可使用车载灭火器及其他硬物击碎玻璃。

（5）提前确认安全区域，引导学生撤离到安全位置。在撤离的过程中要注意下车学生的安全，防止二次事故发生，撤离完毕后清点学生人数。

（6）在确认不存在生命危险的情况下进行临时抢救，使用车载灭火器或就近求助借用灭火器扑救初起火苗，同时拨打"110"报警电话。

（7）发生人员伤亡的，要立即拨打"120"电话报警，同时向所属单位报告事故情况。

4 预防和扑救校车火灾的对策

1）预防校车自燃

校车自燃的常见原因如下。

（1）电器线路出现故障。在校车使用几年之后，自身的电器线路开始老化，车内积累尘土等污物也可能腐蚀电线的绝缘层，或电线绝缘层受局部高温影响而失去绝缘能力，都可能造成短路起火。

（2）车内燃油泄漏。校车本身就有很多可以引燃汽油的火源，例如点火系统产生的高压电火花、蓄电池产生的高温电弧、发动机排气管产生的灼热高温气体或喷出的积炭火星等，车内燃油一旦被引燃，蔓延速度极快。

（3）润滑油系统缺油。校车发动机的润滑油系统缺油，机件的表面相互接触并做相对运动，机械摩擦产生高温，如接触到可燃物可导致火灾。

对策：为安全起见，校车上要根据乘员数量配备 1~2 个 4 千克以上的灭火器，并熟练掌握灭火器的使用和保养方法。

2）预防汽车火灾发生的措施

努力提高驾驶员和随车照管员的业务水平和科学知识水平。他们不仅要懂交通安全的知识，也要懂消防安全的知识；不仅要懂防火知识，也要懂灭火知识，要掌握校车火灾的特点、规律和预防措施，做到未雨绸缪。驾驶员在出车前勤检查、勤维护车辆，查看低、高压电路是否短路、漏电，是否存在接头松动的现象；检查化油器是否回火、油路是否漏油、排气管中是否有燃爆现象、蓄电池通气孔是否堵塞（见图下 -27）。如

图下 -27　专业人员正在对车辆进行相关检查

有问题，应立即检修。此外，校车驾驶人还要养成良好的驾驶习惯，不要携带易燃易爆物品上车，不要在车上吸烟、乱扔烟头等。

3）汽车火灾的扑救措施

正确应对校车火灾是保证安全的重要手段（见图下-28）。

（1）当校车发生自燃时，驾乘人员都应保持冷静，切忌惊慌。如校车在行驶过程中发动机或燃油箱等部位起火，驾驶员应迅速停车，与随车照管员立即组织学生撤离下车，同时切断电源，关闭点火开关（防止电流助长火势），尝试用灭火器扑灭明火。

（2）当校车因碰撞发生火灾时，由于撞击，致使车身变形，车上学生也可能产生伤亡，此时首要任务是设法救人。如果车门没有变形损坏，应打开车门让学生逃出；如车门损坏，可以用安全锤砸开逃生侧窗，及时引导学生撤离。同时驾驶员应在确保无危险的情况下组织其他人员，利用合适的工具，冷静果断地进行扑救，并向当地交警部门和消防部门报警。

图下-28　正确应对火灾是保证安全的重要手段

101

（3）当校车在加油过程中发生火灾时，驾驶员不要惊慌，要立即停止加油，拨打报警电话，迅速将车驶离加油站（库），用随车灭火器或加油站的灭火器将油箱附近的火焰扑灭；如果地面有流淌的燃料燃烧，应设法将着火校车拖离危险区，然后用灭火器或沙土将火扑灭；如火势蔓延到整个校车，应首先扑灭油箱部位的火焰，防止油箱爆炸。

（4）当校车在修理中发生火灾时，修理人员应迅速切断电源，用灭火器或其他灭火器材扑灭火焰。

四　校车事故安全应急疏散演练

　　校车事故应急疏散演练方案的具体构成如图下 -29 所示。

　　应急疏散演练的主题是校车事故应急避险和紧急疏散。

　　应急疏散演练的目的和意义是：增强师生乘坐校车时的安全意识，提升师生校车事故应急疏散能力，培养学生乘车安全行为习惯，提高学校组织校车事故应急避险和疏散演练的管理水平。

　　演练场景一般设定为校车接送学生途中发生车辆碰撞的交通事故，事故造成油路或电路故障，引发初期火灾。也可以设定校车发生故障或前方道路不能通行等各种需要临时停车并紧急疏散乘员的情况。

　　校车安全应急疏散演练通用指令语："车辆危险，立即疏散到车外 ⺼⺼ 处集合。"学校可以根据学生年龄和认知能力，在前述指令语基础上确定本校校车安全应急疏散演练指令语。

❶ 成立校车事故安全应急疏散演练指挥部（领导小组）及下设工作小组

　　演练指挥部（领导小组）下设组织协调组、宣传报道组、疏散引导组、抢险救援组、后勤保障组共 5 个工作小组。

　　演练指挥部的职责如下：

　　（1）全面负责应急疏散演练工作；

校车事故应急疏散演练方案

```
校车事故应急疏散演练方案
├── 演练方案的主要构成部分
│   ├── 演练主题              演练目的意义
│   ├── 演练科目              演练场景设置
│   ├── 演练时间和地点        参与演练人员
│   ├── 演练组织结构及职责分工  演练准备工作
│   ├── 演练程序及内容        意外情况防范和处置
│   └── 总结工作安排
└── 演练方案附件
    ├── 演练班级批次信息一览表  演练场地图
    └── 物资准备清单
```

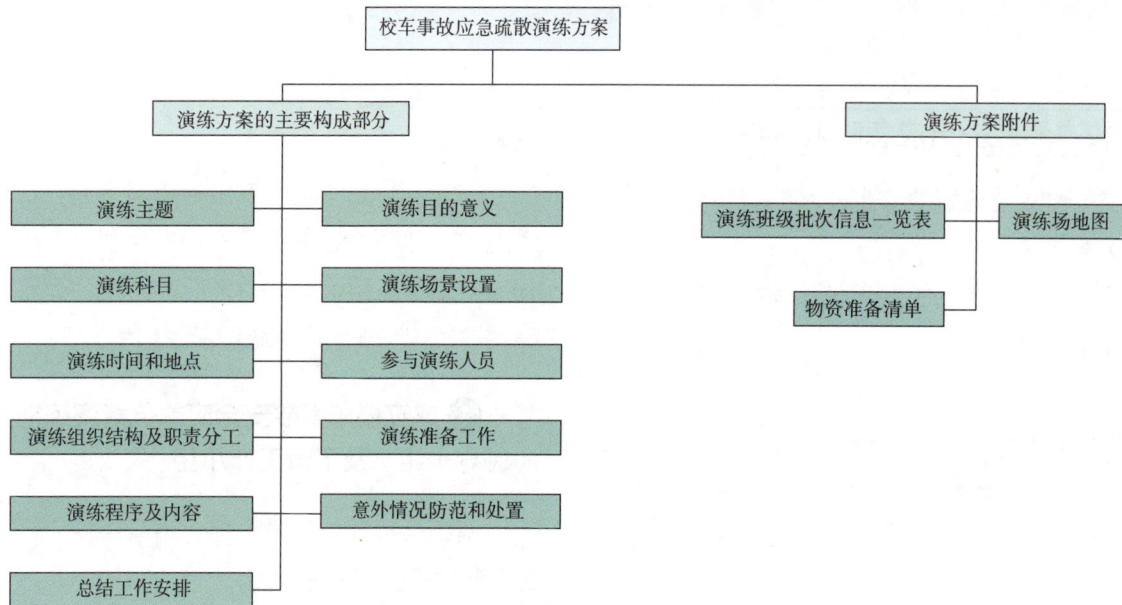

图下 -29　校车事故应急疏散演练方案的构成

（2）领导各工作小组成员按照分工各负其责；

（3）传达并执行上级有关指示和命令；

（4）合理划定应急疏散场地（避险场所）、

疏散通道；

（5）明确应急疏散演练的信号方式；

（6）教育学生熟悉和掌握应急疏散的流程并遵守演练纪律。

组织协调组的职责如下：

（1）制订演练工作方案和工作流程图；

（2）协助演练指挥部协调演练过程需要的各类资源；

（3）编制应急疏散路线图和应急疏散方案等；

（4）校内信息汇总传递和对外联络；

（5）组织张贴疏散路线图和疏散标识；

（6）组织开展疏散演练质量自测自评工作；

（7）负责演练考评和总结工作。

宣传报道组的职责如下：

（1）负责安排演练前的宣传教育和培训；

（2）负责演练过程的摄影、计时、记录等。

疏散引导组的职责如下：

（1）组织、引导师生安全有序地疏散；

（2）及时扶助摔倒和受伤师生；

（3）及时报告疏散过程中的重大险情；

（4）疏散完成后协助其他各组工作。

抢险救援组的职责如下：

（1）演练前检查师生健康状况；

（2）组织抢救演练中遇险的师生；

（3）拨打"120"急救电话，在专业医务人员到达之前，进行临时救治和必要的心理疏导。

后勤保障组的职责如下：

（1）制作疏散路线图和疏散标识；

（2）布设演练场地，对集结场地进行区域划分，设置疏散标识；

（3）负责治安及警戒工作，维护演练秩序，保障演练安全；

（4）负责通信、广播、救助等演练所需物资器材的准备；

（5）负责演练信号音源的采集与发布；

（6）演练结束后，检查、恢复学校水、电、通信等后勤保障设施。

❷ 准备工作

演练前，应进行宣传教育并公开信息。演练准备阶段工作流程如图下-30所示。

（1）通过校园网、校园广播、宣传橱窗、板报、班会等多种形式，对全校师生进行校车事故应急避险知识的宣传教育。利用校园电子视频、微信等新媒体形式对家长进行宣传教育。

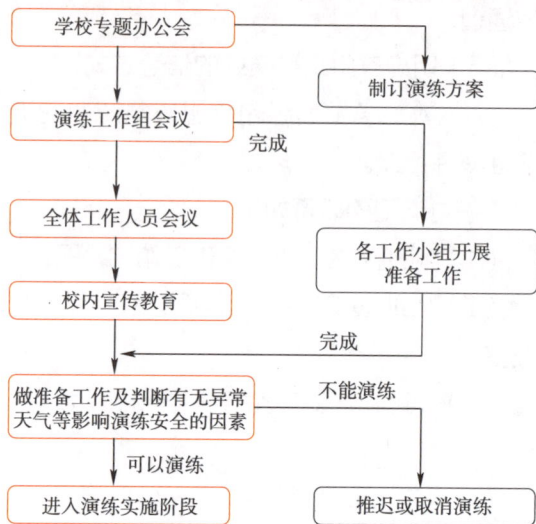

图下-30　演练准备阶段工作流程图

（2）演练开始前，在演练场地附近醒目处悬挂"校车事故安全应急疏散演练进行中"的横幅，告知周边群众，防止引起恐慌。

（3）召开演练工作组会议，使工作组成员掌握校车事故应急避险和疏散知识；明确各工作小组职责、任务标准及前期准备工作完成期限等。

（4）召开全体演练工作人员会议，使全体工作人员掌握校车事故应急避险和疏散知识；明确各自岗位职责、演练程序、疏散路线、集合场地、演练纪律等事项。校车事故安全应急疏散演练流程如图下-31所示。

（5）在学校内开展宣传教育，向学生讲解校车事故应急疏散知识，明确疏散程序、疏散路线、集合场地、疏散纪律等事项。

❸ 设置演练场地

（1）校车事故应急疏散演练场地不能设在有车辆通行的道路上，应当平坦开阔、地面坚固、

面积满足人员疏散演练的需求。

（2）远离教学楼、食堂、宿舍等人员密集的场所。

（3）可以使用物理方式或者设置警戒线，将演练场地与教学、生活等公共活动区域隔离，防止无关人员进入演练区域。

（4）疏散路线上无障碍物、沟壑、湿滑区域、陡坡或狭窄路段，不穿越公路，指示标识鲜明、清晰可辨。

（5）疏散路线无障碍，无沟壑、无湿滑、无陡坡，无狭窄路段，不穿越公路，指示标识鲜明、清晰可辨。

（6）校车事故应急疏散演练一般在校园内进行，如果校园内不具备条件，可以到校外选择适当场地开展演练。

下一批次（时段）演练

分批次（时段）演练

现场培训校车事故避险及疏散知识

工作人员就位，排查隐患

师生健康状况问询检查

完成

重新布置演练场地

现场总指挥宣布演练开始，发布疏散指令

疏散引导老师开车门，辅助老师在车门旁扶持学生

本批次（时段）演练完成

临时集结，引导老师清点人数，报告现场总指挥

发生意外情况

启动意外情况处理程序

集结地集结，清点人数并上报

发生意外情况

现场总指挥现场总结

所有批次（时段）演练完成

演练结束

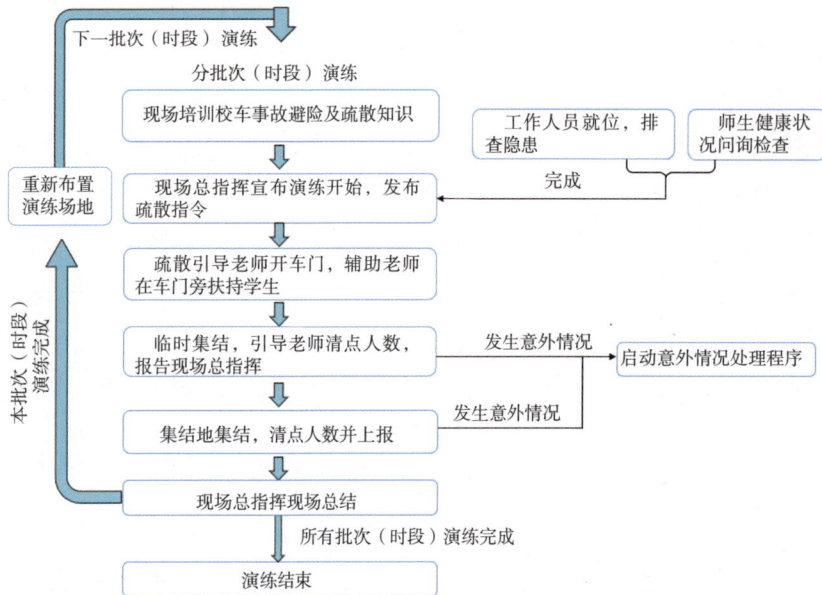

图下-31 校车事故安全应急疏散演练流程图

④ 演练前现场培训

学校第一次组织校车事故应急疏散演练或者组织新生校车应急疏散演练，应当由学校专（兼）职安全教师或者班主任在演练开始前按照下列内容和流程进行现场培训，使学生掌握校车事故应急疏散的流程和技能：

（1）所有学生上车就座，老师指导学生系、解安全带，保证所有学生掌握安全带的正确使用方法，重复训练，直到学生可以在 3 秒钟内解开安全带。

（2）老师指导学生学习以下校车逃生方法：车门、应急门的位置及开启方法；应急窗、逃生天窗的位置及开启方法；使用安全锤和其他工具破窗逃生的方法。

（3）老师组织各班学生至少进行 2 次校车事故紧急撤离的适应性训练，其中至少要进行一次通过车门、应急门撤离的训练。

校车事故应急疏散演练所需物资、器材的要求和分配情况如表下 -1 所示。

校车事故应急疏散演练物资、器材的要求和分配表　　表下-1

道具和器材	演练指挥部	组织协调组	宣传报道组	疏散引导组	抢险救援组	后勤保障组
校车（大巴）						1~4台
胸牌	全员配备	全员配备	全员配备	全员配备	全员配备	全员配备
对讲机	1台	1台		2台	1台	1台

续上表

道具和器材	演练指挥部	组织协调组	宣传报道组	疏散引导组	抢险救援组	后勤保障组
照相机			1台			
监控探头或摄像机（有摄像功能的手机）			每辆校车1台			
秒表			1个			
提示演练进行中的横幅			2条			
口哨				全员配备		
手持扩音器				2个		
医疗急救箱					1个	
灭火器					5~10个	
灭火毯					2条	
救援担架					1个	
警戒线						100米
烟雾发生装置（发烟罐或发烟饼）						每班1个

续上表

道具和器材	演练指挥部	组织协调组	宣传报道组	疏散引导组	抢险救援组	后勤保障组
防滑垫（在疏散路线上特别光滑的路段及雨、雪天气使用）					根据实际情况配备	
备注	医疗急救箱需配备：烧伤辅料1包，酒精棉片6片，碘伏棒1包，抗菌湿巾2袋，医用胶带1卷，卡扣式止血带1条，医用绷带1卷，三角巾1片，止血垫1包，无菌纱布2包，无菌伤口敷贴2包，创可贴10片，玻璃体温计1个，急救手册1本					

意外情况处置程序如下：

（1）一旦发现学生摔倒或者受伤等情况，引导老师立即发出"停止前进"的指令并向抢险救援组报告；

（2）抢险救援组立即进行现场救助，情况严重立即向现场总指挥报告；

（3）现场总指挥接到报告后，根据预案进行处置。

演练记录方式如下：

（1）宣传报道组对演练过程进行摄像、摄影和计时；

（2）摄录各班演练过程的完整视频，采集的视频资料将被作为评价疏散演练质量的重要依据。

演练考评指标、考评内容、对应分值、评分标准如表下-2所示。

演练考评打分表 表下-2

一级指标	二级指标	考评内容	分值（分）	评分标准	得分（分）
一、演练方案考评（20分）	1.方案编制（15分）	（1）演练主题；（2）演练目的；（3）演练科目；（4）演练场景设置；（5）时间安排；（6）演练纪律；（7）意外情况处置程序	7	未完成或者完成质量较差的每项扣1~2分	
		演练班级批次信息一览表	5	未完成扣5分，完成较差扣3分	
		演练场地图	3	未完成扣3分，完成较差扣3分	
	2.组织机构职责分工（5分）	（1）演练领导小组组成和职责；（2）演练工作小组组成和职责	5	未完成或完成较差的每项扣1~2.5分	
二、准备工作考评（30分）	1.物资准备（8分）	物资清单完整并有确定的负责人	4	不符合规定的每项扣一分	
		按照物资配备表列明的数量和规格配备物资	4	数量不符扣1.5分；规格不符扣1.5分；医疗急救箱物品数量不到规定的80%扣1分	
	2.演练工作组会议（7分）	（1）任务分配明确；（2）每项任务有完成时间要求；（3）有质量标准；（4）有责任人	7	未完成或者完成质量较差的每项扣1~2分	

112

一级指标	二级指标	考评内容	分值（分）	评分标准	得分（分）
二、准备工作考评（30分）	3.工作人员培训会议（7分）	演练工作培训，要求做到演练流程清楚、工作人员责任明确、演练纪律明确	3	随机抽查4名工作人员，每人次不合要求扣1分	
		进行校车事故应急疏散知识培训	4	未进行培训扣4分，培训质量较差扣2分	
	4.组织班会（8分）	各班级进行校车事故应急疏散知识培训	3	未开展现场培训每班扣1分	
		学生了解演练流程、明确演练纪律	5	随机抽查6名学生，每人次不合要求扣0.5分	
三、演练工作考评（40分）	1.校车事故应急疏散知识现场培训（4分）	各班按要求完成现场培训	4	未开展现场培训扣4分	
	2.疏散演练（22分）	教师在规定时间内用应急手动开关打开乘客门或者应急门	3	开车门超过5秒钟扣1分，开车门超过10秒钟扣2分	
		学生排一路纵队从校车内通道有序疏散	4	不按一路纵队疏散扣2分，通道出现拥挤混乱情况扣2分	
		辅助教师在车门外帮助学生	3	辅助教师不到位扣2分，到位不及时扣1分	

一级指标	二级指标	考评内容	分值（分）	评分标准	得分（分）
三、演练工作考评（40分）	2.疏散演练（22分）	学生排一路纵队通过车门	3	出现2人以上挤在车门的扣3分	
		疏散时学生在车内要降低身体重心，使用毛巾或者衣物捂住口鼻	3	学生未降低身体重心扣1.5分，未使用毛巾或者衣物保护口鼻扣1.5分	
		疏散到车外后，每班按2~4路纵队集中，每纵队不超过10米或者不超过15人，队尾距离事故车辆10米以上	4	未按规定列队集中扣2分，队尾距离事故车辆距离少于10米扣2分	
		学生蹲下，教师清点人数	2	没有按规定清点人数扣2分	
	3.疏散完成时间（4分）	从疏散开始至第一次人数清点完毕的用时符合规定	4	延迟2秒扣1分；延迟4秒扣2分；延迟6秒扣3分；延迟8秒扣4分	
	4.集结清点工作（3分）	学生按规定进入本班集结区域	1	学生找不到本班集结区域扣0.5分，走错区域扣0.5分	
		随车教师向现场总指挥报告应到学生人数、实到人数、伤亡失联情况，报告应完整准确	2	报告不完整扣1分，不准确扣1分	

续上表

一级指标	二级指标	考评内容	分值（分）	评分标准	得分（分）
三、演练工作考评（40分）	5.及时救护伤病人员（3分）	随车教师发现受伤或心理状况不稳定的学生，应及时向抢险救护组报告。抢险救护组及时救护学生	3	未及时报告扣1.5分，抢险救护组未采取措施扣1.5分	
	6.疏散纪律（4分）	严格遵守校车疏散演练纪律规定	4	违反1项扣2分，违反2项扣3分，违反3项及以上扣4分	
四、总结工作考评（10分）	1.总指挥现场点评（3分）	演练结束后，现场总指挥进行点评。点评内容包括演练效果评价、演练完成时间、演练取得的收效、存在的问题及原因分析4个方面	3	没有进行点评扣3分。进行点评但内容缺1项扣2分，缺2项及以上扣3分	
	2.收集视频及完成总结报告（4分）	视频采集数量符合标准	2	缺少1个采集点扣2分	
		按照规定的时间和内容完成总结报告	2	未按规定时间完成扣0.5分；报告内容不完整扣1.5分	

续上表

一级指标	二级指标	考评内容	分值（分）	评分标准	得分（分）
四、总结工作考评（10分）	3.资料归档（3分）	演练方案、演练评分表、演练总结整理归档	2	缺失1份（项）扣2分	
		工作布置、培训记录、演练现场照片及视频整理归档	1	缺失1份（项）扣1分	
总分					
备注		95分及以上为优秀；85分及以上，95分以下为良好；75分及以上85分以下为合格；75分以下为不合格			

演练结束后2个工作日内，应急疏散演练组织协调组应完成总结报告。总结报告应当包括演练基本情况综述、演练目的达成情况、演练完成时间、演练综合评分情况、演练效果及原因分析、演练方案和组织工作的改进措施等内容。

学校应急疏散演练考评实行百分制，设置4个一级考评指标和若干项二级考评指标，总分 = 100分 - 总扣分。

最终考评成绩按照下列标准确定：

（1）优秀，演练评分表总分为95分及以上；

（2）良好，演练评分表总分为85分及以上，95分以下；

（3）合格，演练评分表总分为75分及以上，85分以下；

（4）不合格，演练评分表总分为 75 分以下。

演练结束后，按照下列项目整理相关资料归入学校应急疏散演练档案：

（1）演练方案；

（2）演练评分表；

（3）演练书面总结；

（4）工作布置和培训记录（办公会、工作组会议、工作人员培训会、班会等会议记录）、宣传培训和演练活动照片、视频等资料。

五　校车营运中突发事件的应急处置方法

❶ 学生突发病情的应急处置方法

（1）随车照管员应在校车上放置基本药物，以防学生突发病情，同时要掌握基本的应急救护知识。

（2）遇学生中暑时，应立即将其抬到阴凉通风的地点，为其松开衣领、裤带，以便更好地通风降温。服淡盐水、十滴水、人丹等，并用清凉油、风油精涂抹太阳穴。对高温昏迷者可用冰块、冷毛巾敷在其头部、腋窝、腹股沟等处，进行物理降温。

（3）行车过程遇学生气管被异物阻塞时，首先应判断是轻度异物梗阻还是重度异物梗阻。轻度的情况下通常学生能自行咳出，也可以拍击背部助其把异物咳出。若是重度异物梗阻，建议采取腹部挤压法和胸部冲击法。

（4）随车照管员要及时救治学生，若病情严重要第一时间送到最近的医院抢救或打120求助，同时向学校（幼儿园）报告和告知学生家人。

❷ 车辆突发故障的应急处置方法

（1）驾驶员要先将校车停靠在安全位置再进行检查，随车照管员要维持好车上学生的秩序，并向学校（幼儿园）报告。

（2）若车辆停在路边，驾驶员必须要开启危险报警闪光灯，并在校车后方50~100米处设置危险警示标志才能进行检查。

（3）若车辆无法停在安全位置或路边，驾驶员必须要第一时间开启危险报警闪光灯并校车后方 50~100 米处设置危险警示标志，然后与随车照管员一起在确保安全的前提下迅速组织学生撤离至安全区域，随车照管员要立即清点人数并做好安全管理工作。

（4）若无法在短时间内排除车辆故障或不能确保安全行驶的，驾驶员要马上报告学校（幼儿园）另派车辆到现场接走学生，随车照管员务必要做好学生的安全管理工作。

❸ 遭遇恶劣天气的应急处置方法

（1）学生带好相关的雨具或必要物品。

（2）学校（幼儿园）应注意最新的天气资讯，注意查收上级主管部门关于开课或停课的最新通知。

（3）家长应及时联系学校（幼儿园），保持通讯畅通，了解最新的天气资讯，注意查收学校（幼儿园）相关方面的通知。

（4）驾驶员要降低车速，开启危险警示灯、雾灯行车。若情况严重不宜行车，驾驶员要将校车驶到安全地方避险。情况严重时，应及时申请停运。

（5）随车照管员要维持好车上学生秩序并向学校（幼儿园）报告。

❹ 车辆突遇火灾的应急处置方法

1）驾驶员

（1）迅速靠边熄火停车，切断电源，展开停车指示标志，打开危险警告灯，打开车门；

（2）组织前排学生迅速撤离，并及时向学

校（幼儿园）报告；

（3）打开灭火器，对车上的明火进行扑救；

（4）在校车后 50~100 米处放置停车标示牌；

（5）拨打"110""119"报警电话。

2）随车照管员

（1）第一时间安抚学生情绪，不要让学生恐慌，同时告知全体学生用衣物掩住口鼻；

（2）告知全体学生解开安全带；

（3）打开逃生门，协助后排学生从逃生门下车，提醒学生撤离时应该弯腰；

（4）带领学生前往车辆右后方 50 米处集合，清点人员数量并维持纪律；

（5）学生完全撤离后对学生数量进行统计，如有学生受伤，及时拨打"120"电话，抢救受伤学生；

（6）在保证安全的前提下，再次检查有无滞留的学生。

3）学生

（1）不要慌张，听从随车照管员指挥，掩住口鼻；

（2）解开安全带，撤离时应该弯腰；

（3）撤离时不抢道不惊慌，按指挥从车门、应急门撤离；

（4）听从随车照管员指挥，到统一地点集合。

⑤ **校车侧翻的应急处置方法**

1）驾驶员

（1）事故发生后，立即打开车门和应急门，如车门和应急门发生变形不能打开，用安全锤敲碎车窗，同时打开顶风窗；

（2）组织学生撤离到安全地带；

（3）返回车内帮助遇到困难或受伤的学生解开安全带；

（4）拨打110报警电话，如有受伤人员，及时拨打"120"急救电话。

2）随车照管员

（1）保持镇定，注意安抚学生情绪；

（2）指导和帮助学生解开安全带，组织学生有序下车，如车门不能正常打开，可用安全锤将侧窗玻璃敲碎或打开顶风窗；

（3）帮助低龄学生下车，把受伤学生放置在安全地带，及时拨打"120"急救电话；

（4）组织学生到车右后方50米处集合，清点学生人数，维持秩序等待救援。

3）学生

（1）保持镇定，听从随车照管员及驾驶员的指挥；

（2）解开安全带；

（3）撤离时不抢道、不惊慌，听从随车照管员指挥从车门、应急门撤离，如车门不能正常打开，可用安全锤将玻璃敲碎，或打开顶风窗，撤离校车；

（4）听从随车照管员指挥，到统一地点集合。

⑥ 校车行驶偏离规定路线的应急处置方法

1）驾驶员

（1）立即靠边停车，打开停车指示标志，开启危险报警闪光灯；

（2）向单位报告当前具体位置及延误时间，原路返回按照原线路行驶或按照绕行预案进行临时性绕行。

2）随车照管员

（1）清点学生人数；

（2）如在上学途中，应及时通知等待上车学生家长，告知延误时间；如在放学途中，应及时通知等待接送放学学生家长，告知延误时间及当前具体位置，并安抚好家长情绪；

（3）在保证安全的前提下，再次检查学生人数，行驶过程中及时向学校（幼儿园）报告行驶位置及延误情况；

（4）安全到达后向单位及家长汇报。

7 遭遇劫持的应急处置方法

（1）驾驶员和随车照管员首先要保持冷静，确保车辆安全行驶，安抚好车上学生，假装顺从、配合，并主动与劫持者谈判，尽量营造宽松的气氛，避免盲目反抗造成人身伤害。

（2）驾驶员、随车照管员要注意观察作案人和四周环境，要有默契地分散劫持者的注意力

或使其放松警惕，创造机会报警。

遭遇劫持时保持冷静的头脑是至关重要的。应迅速对事件进行判断，采取有效措施快速响应与处置，切忌优柔寡断，贻误时机。

8 遇交通阻塞或因故延迟的应急处置方法

1）驾驶员

（1）立即向所属单位报告堵塞路段，预估延误时间，必要时按照临时绕行预案进行临时性绕行；

（2）听从现场交警部门指挥；

（3）交通堵塞情况严重时，可请求单位安排其他校车接送学生。

2）照管员

（1）清点学生人数，安抚学生情绪；

（2）如在上学途中，应及时通知等待送学

生的家长，告知延误时间；如在放学途中，应及时通知等待接学生的家长，告知延误时间及具体位置，并安抚好家长的情绪；

（3）必要时请求现场交警协助，迅速组织学生撤离至安全区域，等待换乘接应车辆，并清点学生人数，保障学生安全。

参 考 文 献

［1］ Austin W , Heutel G , Kreisman D . School Bus Emissions, Student Health, and Academic Performance ［J］. Social Science Electronic Publishing.

［2］许放，靳雷，刘改丽. 公共产品供给主体视域下的校车与校车公交化分析［J］. 行政科学论坛，2014（5）:55-58.

［3］董少林，蔡永凤. 农村校车服务有效供给：私人选择还是公共选择［J］. 财经科学，2014（6）:133-140.

［4］王彩元，周熠宇，杨宇，等.《校车安全管理条例》颁布实施后的调查与思考［J］. 湖北警官学院学报，2015, 28（6）:33-37.

［5］谈鹏. 江苏省 L 中职学校安全管理研究［D］. 郑州：河南大学，2017.

［6］杨剑锋. 中小学安全管理的现状及对策研究［D］. 呼和浩特：内蒙古师范大学，2014.

［7］张洁，周廷勇，耿益群，等. 国内几大城市校车工作管理经验研究［J］. 教育科学研究，2010（9）:30–33.

［8］李涛. 校车视频监控系统的设计与实现［D］. 上海：华东师范大学，2012.

［9］张平.基于物联网的校车安全监控数据采集系统［J］.电子世界,2016（8）:170.

［10］李传烨,葛国栋,樊志文,等.校车安全监控系统［J］.应用科技,2016,43（01）:46-50.

［11］金建设,杨斌,于晓海,等.基于传感网与云计算的校车安全监控系统设计［J］.计算机测量与控制,2014（6）.

［12］汤中波.校车乘员乘用安全监控系统的研究与开发［D］.厦门:厦门理工学院,2016

［13］蒋松云,刘光明.一种新型校车智能监控终端的设计［J］.电子测试,2016（2）.

［14］张德南.校车运营与管理问题研究——以大连市区幼儿园和小学校为例［J］.辽宁经济,2015（4）:47-49.

［15］董少林.中国校车补贴制度的经济效应与顶层设计［J］.北京社会科学,2015（3）.

［16］崔超妍.我国小学校车的财政补贴制度和运营模式初探［J］.现代经济信息,2018（20）:170-171.

［17］桂萍.浅议《校车安全管理条例》的出台与实施［J］.法制与经济（中旬刊）,2013（2）.

［18］周密.基于多信息源的校车智能交互及推送系统研究［D］.武汉:武汉工程大学,2017.

［19］张杨杨.移动互联网环境下定位服务设计及原型实现［D］.西安:长安大学,2015.

［20］姜娜.基于 RFID/GPS/GIS 技术的校车管理信息系统的设计与实现［D］.上海:华东师范大学,2014.